CHRISTINE SCHULZ-REISS · CLAUDIA LIEB

Das Hausbuch der Weltreligionen

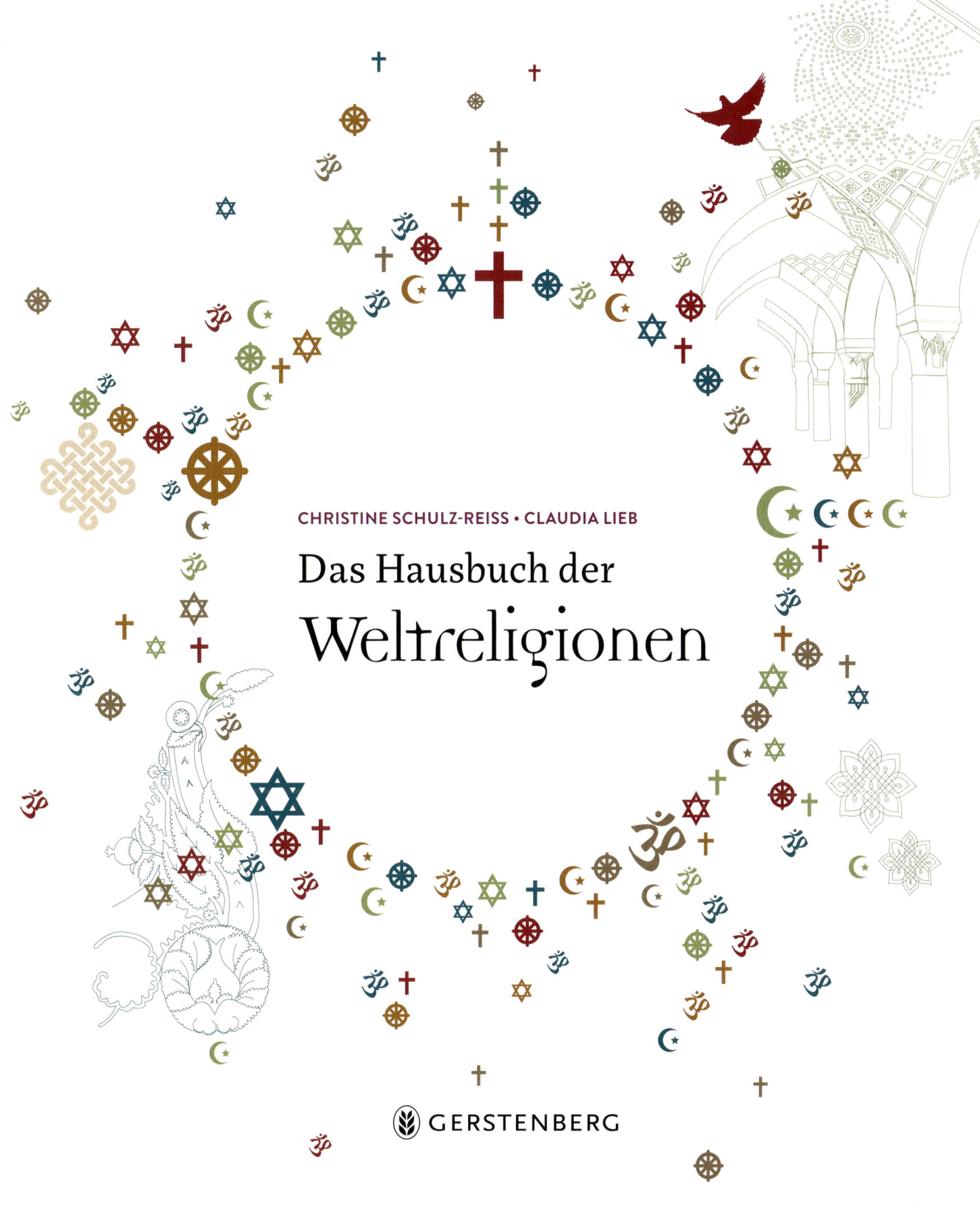

CHRISTINE SCHULZ-REISS • CLAUDIA LIEB

Das Hausbuch der
Weltreligionen

GERSTENBERG

CHRISTINE SCHULZ-REISS, geb. 1956, ist Journalistin.
Nach langjähriger Arbeit in Tageszeitungsredaktionen schreibt sie
heute als freie Autorin u. a. Sachbücher und Biografien für Kinder und
Jugendliche. Ihre besondere Stärke ist es, Interesse für Themen wie
Politik, Philosophie oder Religionen zu wecken und diese in eine ver-
ständliche Sprache zu fassen.

CLAUDIA LIEB, geb. 1976 in Erlenbach am Main, hat in
Münster und an der Hochschule für Angewandte Wissenschaften in
Hamburg Kommunikationsdesign studiert. Sie lebt in München
und arbeitet dort in einer Ateliergemeinschaft als Illustratorin und
Grafikerin. Im Gerstenberg Verlag erschien 2009 das Buch
Die wunderbaren Reisen des Marco Polo, für das die Illustratorin
mehrfach ausgezeichnet wurde. Mehrere von ihr gestaltete
Bücher folgten. *www.claudialieb.de*

Der Gerstenberg Verlag dankt Prof. Peter Antes, Religionswissenschaftler, Leibniz Universität Hannover, für die fachliche Durchsicht.

3. Auflage 2021
Copyright © 2012 Gerstenberg Verlag, Hildesheim
Alle Rechte vorbehalten
Gestaltung, Satz und Layout: Claudia Lieb, München
Druck und Bindung: TBB, a. s., Banská Bystrica
Printed in the Slovak Republic

www.gerstenberg-verlag.de

ISBN 978-3-8369-5484-6

INHALT

EINLEITUNG

Götter, die in einer heiligen Kuh sitzen. Ein Religionsstifter, der gezeugt wurde, indem ein Elefant in die Hüfte seiner Mutter eindrang. Ein Bote Gottes, der das Meer teilte, indem er mit einem Stab auf das Wasser schlug. Ein Mann, der nach seinem Tod lebendigen Leibes sein Grab wieder verließ. Und schließlich ein Prophet, der in einer einzigen Nacht auf einem gefiederten Reittier 1200 Kilometer und wieder zurück reiste, um sich mit Gott im Himmel zu treffen – dabei war allein die einfache Strecke zu seiner Zeit in bestenfalls vier Wochen zu bewältigen. Sind das alles Märchen aus der Feder fantasiebegabter Schriftsteller? Nein, in diesen und anderen Überlieferungen stecken Jahrtausende alte Glaubensweisheiten aus den fünf Weltreligionen. Sie wurden in den Heiligen Büchern der Hindus, Buddhisten, Juden, Christen und Muslime niedergeschrieben. Rund fünf Milliarden Menschen auf der ganzen Erde gehören einer dieser Religionen an.

Was ist das überhaupt, Religion? Der Begriff stammt aus der Antike: Das Wort wird zurückgeführt auf das lateinische *relegere*, sorgsam beachten, oder *religare*, verbinden. Ganz einig sind sich die Wissenschaftler da nicht. Beides weist aber darauf hin, was Religionen ausmacht: Die Suche nach einem höheren, unantastbaren Gesetz für ein geordnetes, gerechtes, friedliches und gelingendes Leben, sowohl für jeden einzelnen Menschen, als auch für die Gemeinschaft aller. Wie wichtig dies ist, zeigt die Geschichte der Weltreligionen selbst (mit Ausnahme des Buddhismus, der solchen Versuchungen nie ausgesetzt war): Immer dann, wenn Menschen religiöse Gesetze dazu missbrauchten, sich über andere zu erheben, ihre eigene weltliche Macht zu vergrößern, wurden sie zum Mittel von Unterdrückung und häufig auch Krieg. Den Glaubenslehren selbst ist das nicht anzulasten. Denn ihnen gemeinsam ist ein großes Ziel: ein friedliches Zusammenleben, an dessen Ende die Erlösung durch etwas nicht Fassbares von allen Leiden, Nöten und Sorgen steht.

Wo liegt der Ursprung dieser großen Glaubensgemeinschaften? Mythen, also den Glauben an etwas Verborgenes, das außerhalb der Vorstellungskraft liegt, gibt es, seit es Menschen gibt. In Vorzeiten dienten sie zur Erklärung von Naturphänomenen, den Gestirnen am Himmel, dem Kreislauf von Saat und Ernte, Geburt und Tod, von Glück und Not. In uralten Zeiten versuchten die Menschen, ihre Götter mit Opfern „gnädig" zu stimmen. Mit wachsendem Wissen und Fortschritt konnte sich der Mensch vieles selbst erklären und brauchte dafür keine höheren Mächte mehr. Bis heute aber treibt uns die Frage um, woher wir kommen und wohin wir gehen, danach, wie die Welt entstanden ist, ob Zeit und Raum einen Anfang und ein Ende haben und was sich dahinter, im „Jenseits", verbirgt. Religionen versuchen, in dieser Unendlichkeit eine Hilfe zu geben, damit sich der Mensch in ihr nicht verliert. Sie spenden Zuversicht und Trost und nehmen dem Tod seinen Schrecken. Nicht jeder braucht einen solchen „Anker". Religionen sollten immer nur ein Angebot sein.

Um zu verstehen, was ihre Anhänger glauben, muss man wissen, welcher Lehre sie folgen, warum wem welches Ritual und Symbol wichtig ist, was das Leben von Hindus, Buddhisten, Juden, Christen und Muslimen bestimmt. Warum verehren Hindus Pflanzen und Tiere? Wieso sehnen sich Buddhisten nach dem Nichts? Warum schalten Juden am Sabbat kein elektrisches Licht an? Was feiern Christen mit dem Abendmahl und wieso ist die Wallfahrt nach Mekka für Muslime nicht nur eine religiöse Pflicht, sondern auch der Höhepunkt ihres Lebens? Wer sich mit Religionen beschäftigt, schenkt seinen Mitmenschen Beachtung und versteht sie besser. Allein das fördert Toleranz und Respekt – und verbindet. Spannend sind die Erzählungen und Botschaften der einzelnen Heiligen Bücher ohnehin – und obendrein einander in vielem erstaunlich ähnlich.

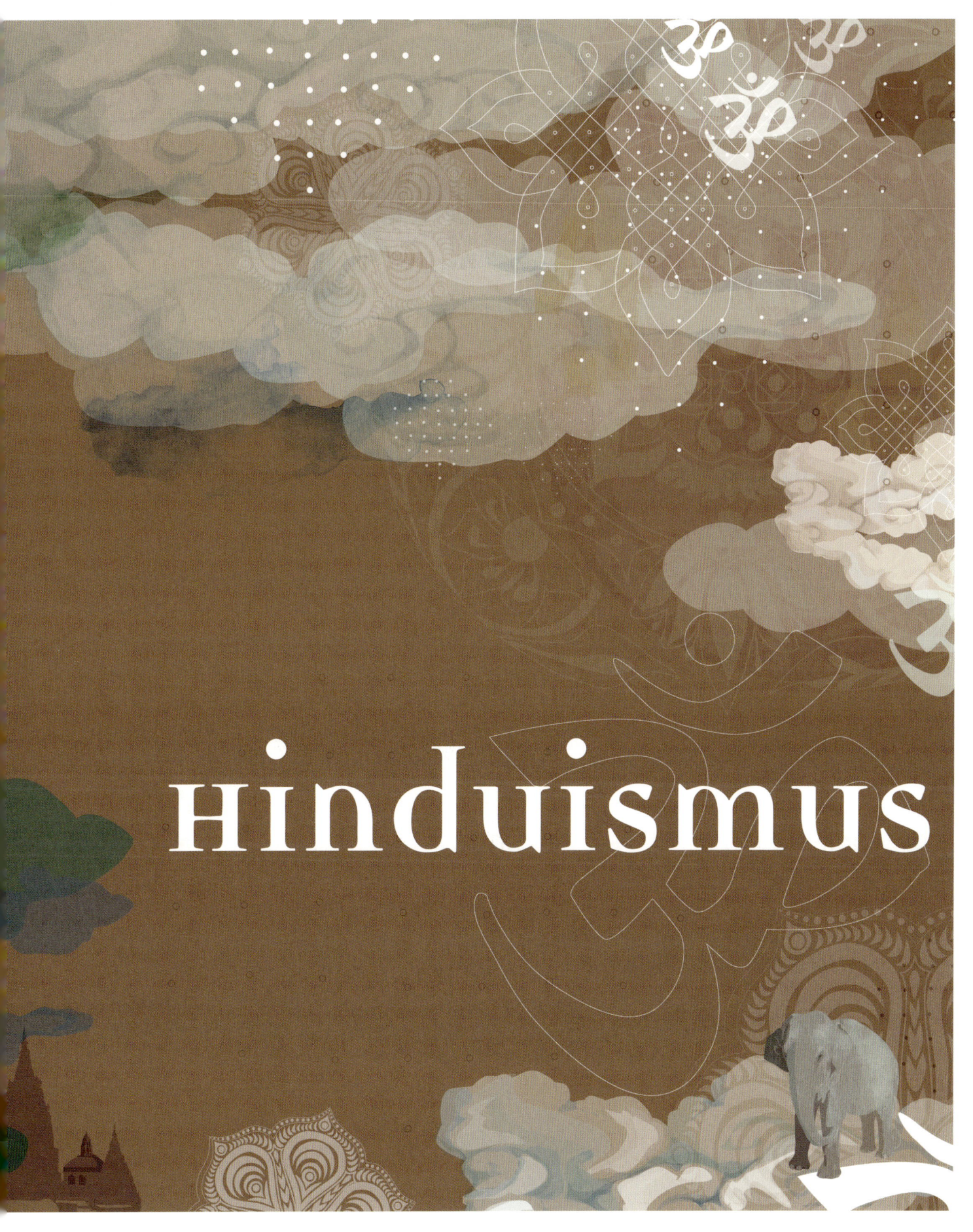

hinduismus

HINDUISMUS

Heilige Kühe, die den Straßenverkehr lahm legen, Frauen mit rotem
Punkt auf der Stirn, Yoga, Fakire auf dem Nagelbrett, Scheiterhaufen,
auf denen Tote verbrannt werden, Geschichten von Wiedergeburt und
Nirwana: Solche Bilder und Assoziationen stellen sich beim Gedanken an
Indien ein. Dort ist die Heimat des Hinduismus, der ältesten noch
lebendigen Weltreligion. Rund eine Milliarde Menschen gehören ihr an.
Die meisten leben in Indien, aber auch in Sri Lanka, Nepal, auf Bali
und in Bangladesch. In Europa gibt es rund zwei Millionen Hindu, davon
leben etwa 120 000 in Deutschland, Österreich und der Schweiz. Ihre
Religion ist bunt und für Außenstehende auch ein wenig verwirrend,
schon deshalb, weil es im Hinduismus von Göttern nur so wimmelt
und zudem auch bestimmte Tiere und Pflanzen heilig sind.
Entstanden ist dieser Glaube vor rund 4000 Jahren, als sich die Vor-
stellungen der Urbevölkerung von einer beseelten Natur
mit dem Glauben an kriegerische Götter vermischten, den
die Aryas oder Arier mitgebracht hatten. Dieses Noma-
denvolk war aus Zentralasien ins Industal eingewandert.
Die Heiligen Schriften der Hindu stecken voller
Geschichten über die Götterwelt, in denen sich alle
Lehren und Gebote widerspiegeln. Wer sich mit
dem Hinduismus beschäftigt, taucht ein in eine
geheimnisvolle, spannende Welt.

die zehn weltenleben

Splitterfasernackt planschten die Mädchen im Fluss. Ihre Kleider hatten sie am Ufer abgelegt. Doch was war das? Eine der jungen Frauen blickte erschrocken auf: Waren das zwei Beine, die da drüben aus dem Baum hingen? Tatsächlich, da saß ein Kerl und beobachtete neugierig das fröhliche Treiben der Badenden! Sie schrie laut auf, ihre Freundinnen hoben die Köpfe, sahen sie erstaunt an, folgten ihrem Blick und schnellten aus dem Wasser. Im ersten Moment hatten sie ganz vergessen, dass sie sich jetzt erst recht nackt und bloß seinen Augen präsentierten. Eilig versuchten sie, ihre Körper notdürftig mit Händen und Armen zu bedecken. Dann stürzten sie ans Ufer, um in ihre Kleider zu schlüpfen. Doch oje: Die waren weg! Der freche Lümmel hatte ihnen die bunten Saris heimlich gestohlen und in die Äste des Baumes gehängt. Die Mädchen schimpften und zeterten und versuchten es schließlich mit flehentlichem Betteln: „Gib uns doch bitte unsere Sachen zurück!" Der junge Mann lachte sie nur aus. So blieb ihnen nichts anderes übrig, als in voller Blöße auf ihn zuzugehen und ihre Kleider von den Zweigen zu ziehen, die Köpfe hochrot vor Scham. Dennoch war keine von ihnen ernsthaft böse auf den frechen, neugierigen Späher. Er war ja auch außergewöhnlich schön und sie waren alle heimlich verliebt in ihn. Ob jung, ob alt: Die Frauen im Dorf vergötterten den wohlgestalteten jungen Mann. Und er machte jeder schöne Augen. Die Hirtinnen verzauberte er mit seinem Flötenspiel. Manches Mädchen, dem er im Dorf begegnete, berührte er wie zufällig an Hand oder Schulter, mancher griff er gar zärtlich ins Haar. Sie verziehen ihm alles, auch, dass er immer wieder Spitzbübereien mit ihnen trieb. Einmal stibitzte er einer Frau die Butter aus der Küche. Deshalb nennen ihn heute, viele tausend Jahre später, manche Inder noch scherzhaft „der Butterdieb". Sein richtiger Name ist Krishna. Es gibt zahlreiche Geschichten über ihn, die in Indien jedes Kind kennt. Krishna ist die Verkörperung eines der meist verehrten hinduistischen Götter.

Nach dem Glauben dieser ältesten noch heute lebendigen Weltreligion ist Krishna ein „Avatar", eine weltliche Erscheinung des Gottes Vishnu. Dieser hinduistische Gott hat die Erde im Lauf der Weltgeschichte mehrmals in Gestalt von Avataren besucht: Eines dieser Wesen ist Krishna, jener junge Mann, der die Dorfschönen nackt aus dem Fluss steigen ließ.

Die Missionen des Vishnu

Es war nicht Vishnus einziger Besuch als Avatar auf der Erde: Er kam noch in acht anderen Gestalten. Immer dann ließ er sich als Inkarnation aus Fleisch und Blut auf der Erde blicken, wenn den Wesen, die die Welt bevölkern – Menschen, Göttern, Geistern – Gefahr drohte. Seine Aufgabe war es stets, Bösen das Handwerk zu legen und dem oder den Guten zum Sieg zu verhelfen. In jedem seiner weltlichen Abenteuer und irdischen Leben überbrachte er den Menschen zugleich eine Lehre, die in den Heiligen Schriften der Hindu niedergeschrieben wurde. In diesen Lehren stecken wichtige Weisheiten für die Gläubigen dieser uralten Religion: Nicht Macht oder Hilflosigkeit, Armut oder Reichtum, Leiden oder Lust, Trauer oder Glück zählen für das Heil der Seele, sondern die Befreiung von allen menschlichen Begierden, von Geiz, Zorn, Neid oder Angst.

Vishnus erste Inkarnation war ein Fisch namens Matsya, der den ersten Mensch auf Erden, Manu mit Namen, vor einer Sintflut rettete. Matsya wies ihn an, ein Schiff zu bauen und auf diesem Pflanzen, Saatgut und andere Lebewesen in Sicherheit zu bringen, bevor das Wasser alles überschwemmen und vernichten würde. Diese Geschichte ist der von der Arche Noah aus dem Alten Testament sehr ähnlich.

AVATARE
Avatare sind Verwandlungen eines Gottes, Geistes oder Dämonen in ein Wesen aus Fleisch und Blut. Wir benutzen das Wort „Avatar" heute für virtuelle, künstlich erschaffene Personen und Figuren in der Computerwelt oder im Kino. Die ursprüngliche Bedeutung des Wortes ist „göttliche Herabkunft".

Vishnus zweite Verkörperung war die Schildkröte Kurma. Diesmal drohte die Welt im Milch-Ozean zu versinken. Nach den Jahrtausende alten Überlieferungen der Hindu, den Veden (= ewige Wahrheiten), schwimmt die Erde darin. Auch Vishnus Frau, die Göttin Lakshmi, und heilige Nymphen waren in Gefahr, in der Milchflut zu versinken. Die Schildkröte tauchte auf den Grund des Ozeans, nahm den heiligen Weltenberg Mandara auf ihren gepanzerten Rücken und hob ihn über den Meeresspiegel. Andere Götter und Geister kamen Kurma zu Hilfe. Sie umwickelten Mandara mit der riesigen Schlange Vasuki und zogen mit ihr den Berg schnell hin und her. Auf diese Weise quirlten sie die versunkenen Dinge vom Grund des Milch-Ozeans zurück an die Oberfläche der Erde. Damit retteten sie sie vor dem Untergang.

Als Riesen-Eber Varaha befreite Vishnu die Welt von einem Dämon, der den Erdball auf dem Grund des Ozeans versenken wollte. Dessen bösen Zwillingsgeist tötete Vishnu in Gestalt des Narasimha, eines Wesens mit dem Körper eines Mannes und dem Kopf eines Löwen. In seiner fünften Erscheinung zeigte sich der Gott als Zwerg: Dieser Zwerg hieß Vamana und trickste den schrecklichen Bali aus. Dieser böse Dämon war so stark und mächtig geworden, dass er nicht nur die Menschen, sondern auch die Götter bedrohte. Vamana trat vor Bali hin und bat ihn um ein Stück Land, auf das er sich zurückziehen könnte, um sich dort in seine Gedanken zu versenken. Dieses geistige Abtauchen aus der Welt in das eigene Innere heißt Meditieren. Vamana sagte, ein Fleckchen Land, das er mit drei Schritten durchmessen könnte, würde ihm dafür schon genügen. Bali bemerkte nicht, dass das ein Trick war. Er dachte: Was habe ich schon von so einem Winzling zu befürchten? So ein kleines Stück Erde abzugeben täte ihm nicht weh, gehörte ihm doch der Rest der Welt. Gönnerhaft sagte der Dämon dem Zwerg zu, er möge sich sein Stückchen Land nehmen. Doch kaum hatte er dies ausgesprochen, verwandelte sich Vamana zurück in die Göttergestalt des Vishnu. Der durchmaß mit seinem ersten Schritt die ganze Erde, mit dem zweiten den Himmel und setzte seinen Fuß nach dem dritten Schritt auf Balis Kopf und drückte ihn in die Unterwelt. Nun war er, Vishnu, Herr über die Erde.

INKARNATION
Unter Inkarnation (von lat. *carnis* = Fleisch) versteht man die Rückkehr der Seele eines Verstorbenen als Wiedergeburt im Körper eines anderen Wesens. Nach der Lehre des Hinduismus muss jede Seele nach dem Tod ihres jeweiligen Körpers so oft auf die Erde zurückkommen, bis sie ihren Lebensauftrag erfüllt hat.

Geliebter Rama

Die bislang letzten Avatare des Gottes Vishnu kamen in Menschengestalt. Als Parashurama, „Rama mit der Axt", vernichtete er die Krieger und den bösen König des den Göttern feindlich gesinnten Stammes der Kshatriya.

Die neben Krishna bei den Indern beliebteste Figur ist aber die eines anderen „Rama": Dieser wird als Königssohn mit einem Bogen dargestellt. An den Geschichten des zweiten Rama können sich die Hindu nicht satt lesen und sehen: Er ist die Hauptfigur in ihrer heiligen Schrift *Ramayana* und muss spannende Abenteuer bestehen – und ist zudem Held einer herzzerreißenden Liebesgeschichte: Obwohl sich die beiden Hauptfiguren innig lieben, ist ihnen kein Glück beschieden.

Und das erlebte Vishnu als Rama: Der Königssohn wurde auf Wunsch seiner Stiefmutter vom eigenen Vater in den Wald verbannt. Dessen böse zweite Frau wollte nicht, dass Rama nach dem Tod des Königs den Thron bestieg, sondern dass ihr eigener Sohn eines Tages die Krone tragen und herrschen sollte. Dafür aber musste Rama aus dem Weg geschafft werden. Dabei wollte ihr leiblicher Sohn gar nicht König werden. Er versuchte deshalb, seinen Stiefbruder zum Bleiben zu überreden. Rama aber wusste, dass er sich den Befehlen seines Vaters nicht widersetzen durfte. Denn dem Vater zu gehorchen ist für einen Hindu eine religiöse Pflicht, die zum Lebensauftrag seiner Seele gehört. Also verließ Rama sein Zuhause.

Damit fing das eigentliche Drama aber erst an: Ramas Frau Sita liebte ihren Mann über alles. Deshalb folgte sie ihm in die Verbannung in die Wildnis. Dort wurde sie von einem grässlichen Dämon entführt und gefangengehalten. Verzweifelt machte sich Rama auf die Suche nach seiner Liebsten.

Die Affen des Dschungels, angeführt von dem guten Dämon Hanuman, standen ihm zur Seite. Schließlich spürten sie Sita auf und es gelang ihnen, die junge Frau zu befreien. Die Liebe der Eheleute endete trotzdem tragisch, denn Rama war sich nicht sicher, ob seine Frau ihm während der Entführung treu geblieben war. Vergeblich weinte und flehte Sita, er möge ihr glauben, dass sie ihn niemals betrogen habe. Aber es gelang ihr nicht, ihn zu überzeugen und sein Misstrauen zu zerstreuen. Und so folgte Rama auch hier seiner religiösen Pflicht, die Untreue nicht duldet. Er verstieß seine Frau, obwohl er sie noch immer von Herzen liebte.

RAMA ALS FILMSTAR
Ramas Leben wurde zu einer 78-teiligen Fernsehserie verfilmt, die zig Millionen Zuschauer in Indien vor den Bildschirmen verfolgten.

Der Gesang des Erhabenen

Vishnus nächster Avatar war Krishna, eben jener junge, schöne Mann, der den badenden Mädchen die Kleider stahl und den Frauen so gern freche Streiche spielte. Aber er hatte auch eine sehr ernste Mission zu erfüllen: die als Wagenlenker des jungen Kriegers Arjuna. Die Geschichte der beiden wird beschrieben in dem für die Hindu wichtigsten und zugleich beliebtesten Buch, der Bhagavad Gita – kurz: Gita genannt. Übersetzt heißt der Titel des Buches „Gesang des Erhabenen". Aus ihm spricht die wichtigste Lehre des Hinduismus: Jeder muss seinen Lebensauftrag erfüllen, je nach Stand oder Kaste, in die er oder sie hineingeboren ist.

Darum geht es in der Bhagavad Gita: Der junge Mann Arjuna gehörte dem Stand der Krieger an und sollte als solcher in den Kampf ziehen. In seinem Stamm war es zu einem Streit über die Vorherrschaft gekommen. Als Arjuna nun in die Schlacht zog, stellte er plötzlich fest, dass unter den Gegnern, die er vernichten sollte, liebe Verwandte und gute Freunde waren. Deshalb weigerte er sich, seine Kriegspflicht zu erfüllen. Denn schon der Gedanke, gegen Menschen, die er kannte und liebte, die Waffe zu erheben, war ihm unerträglich, mehr noch der, sie zu töten. Daraufhin sprach Krishna als sein Wagenlenker zu ihm und erklärte ihm in vielen Versen, warum er in den Kampf ziehen und sich dabei nicht schuldig fühlen müsse: Als Krieger und Kshatriya gehöre dies zu der ihm auferlegten Lebenspflicht. Mehr noch: Es genüge nicht, diesem Auftrag allein aus Pflichtgefühl nachzukommen. Er müsse dies vielmehr als religiöse Übung verstehen und sie mit vollem Herzen erfüllen. Diese religiösen Übungen werden in der Sprache der Bhagavad Gita, dem Sanskrit, Yoga genannt. Krishnas Ziel war es aber auch, Arjuna seine Seelennöte zu nehmen, weil er Freunde und Verwandte im Krieg töten musste: Was da sterbe, seien nur deren Körper, nicht aber die Seelen. Im Gegenteil: Durch den Tod öffne sich den Seelen seiner Lieben der Weg in ein neues Leben. Hatten die ihre Aufgaben in ihrem bisherigen Dasein gut erfüllt, würden sie in einer höherwertigen Existenz oder Kaste wiedergeboren. Damit wiederum kämen sie ihrem Ziel, am Ende ihrer Wiedergeburten in die ewige Weltseele einzugehen, ein Stück näher.

Dieses letzte Ziel, die Befreiung von Samsara, dem Kreislauf aus Geburt, Tod und Wiedergeburt, heißt Moksha und ist das, was der Erlösung in anderen Religionen gleichkommt. Haben die Getöteten nicht nach ihrer Bestimmung gelebt, bekommen sie durch den Tod eine Chance, es beim nächsten Mal besser zu ma-

KASTENWESEN
Nach dem Glauben der Hindu wird jeder Mensch in eine Kaste hineingeboren: Davon gibt es vier: Brahmanen (Priester und Gelehrte), Kshatriyas (Krieger und Fürsten), Vaishyas (Händler und Bauern) und Shudras (Handwerker und Pachtbauern). Unter diesen stehen noch die Kastenlosen, die „Unberührbaren" wie Landarbeiter, Totengräber oder Latrinenputzer.

KARMA
Im Karma, dem Lebens-
„Zeugnis", werden die guten
Taten als Punya gutgeschrie-
ben und dem Papa, den
„Minuspunkten" für schlechte
Taten und Fehler, gegen-
übergestellt. Je besser das
Karma ausfällt, umso weniger
Wiedergeburten muss Atman,
die Seele, durchlaufen.

chen und die Fehler des alten Lebens in einem neuen aufzuheben. Das Gleiche galt
für Arjuna: Wenn er seiner Pflicht als Krieger folgte, konnte er damit sein eigenes
Karma verbessern. Das Karma ist das Zeugnis, das jede Hindu-Seele am Ende jedes ihrer Leben erhält. Je mehr Verdienste sie erworben hat, desto schneller kann
sie in einer höheren Existenz wiedergeboren werden.

   Die bislang letzte Erscheinung Vishnus auf Erden war Buddha: Er wurde als
Fürstensohn Siddhartha vor rund 2500 Jahren in Indien geboren. Er wurde zu Buddha, zum „Erleuchteten", weil er zu der Erkenntnis kam, dass und wie der Mensch
sich bereits im Leben von Leid und Schuld befreien kann. Buddha begründete
eine neue Religion, den Buddhismus, der aus dem Hinduismus hervorging und
vieles mit ihm gemein hat. Dass ausgerechnet Buddha, der die Religion spaltete,
eine Verkörperung Vishnus gewesen sein soll, erklären einige Hindupriester und
-gelehrte so: Vishnu sei als Ketzer auf die Erde gekommen, um den Glauben
der Hindu auf die Probe zu stellen. Andere sagen, damit werde deutlich, dass es
Buddha ohne den Hinduismus nicht gegeben hätte.

Die schwarze Epoche

Seit dem Tod des historischen Buddha wurde Vishnu noch nicht wieder gesehen. Die Hindu warten derzeit auf seine zehnte und letzte Verkörperung. Sie glauben, wenn Vishnu wiederkommt, wird er die Welt zerstören, um ihr eine neue, bessere Ordnung zu geben. Sie stellen ihn sich als einen Reiter auf einem weißen Pferd vor, der ein flammendes Schwert in Händen hält. Sein Name wird Kalkin sein und die Zeit seiner Niederkunft das Ende der Weltenzeit Kali. Kali ist die Zeit, in der wir leben. Sie gilt als „schwarze Epoche", denn nach dem Glauben der Hindu treibt die Erde dem Höhepunkt des Verderbens entgegen. Wenn Kalkin kommt, wird er das Böse vernichten und aus dem Guten eine bessere, endgültige Welt errichten. Solche Endzeitvisionen gibt es in allen Weltreligionen.

Und was macht Vishnu bis dahin? Das, was er immer schon tat, wenn er sich nicht gerade als Avatar auf der Erde aufhielt: Er ruht auf der zusammengerollten Schlange der Unendlichkeit mit Namen Ananta, die im Welten-Ozean schwimmt. Ihm zu Füßen sitzt seine Gemahlin, die Göttin Lakshmi, und streichelt ihren Mann. Aus Vishnus Nabel wächst eine Lotosblume. Wenn Vishnu schläft, ist deren Blüte geschlossen. Ist er wach, öffnen sich die Lotosblätter, in denen ein anderer der drei höchsten Götter, Brahma, ruht.

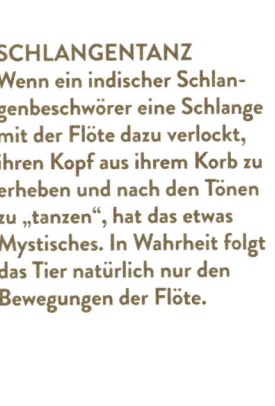

SCHLANGENTANZ
Wenn ein indischer Schlangenbeschwörer eine Schlange mit der Flöte dazu verlockt, ihren Kopf aus ihrem Korb zu erheben und nach den Tönen zu „tanzen", hat das etwas Mystisches. In Wahrheit folgt das Tier natürlich nur den Bewegungen der Flöte.

wo es von göttern nur so wimmelt

Brahma, Vishnu, Shiva – der Schöpfer, der Erhalter, der Zerstörer, das sind die wichtigsten Götter im Hinduismus. Aber sie sind nur drei von Tausenden, die die Welt oder Schöpfung bevölkern. In keiner anderen Religion gibt es so viele Götter wie im Hinduismus. Und von diesen Tausenden hat jeder Gott 108 oder 1008 Namen, je nachdem, wie viele Eigenschaften ihm zugeordnet sind, und wird in verschiedenen Gestalten dargestellt.

Auch wenn es drei Hauptgötter gibt, heißt das nicht, dass die anderen ihnen gehorchen und folgen müssen. Jeder Gläubige ist außerdem frei darin, sich zu entscheiden, welcher Gott ihm der liebste ist und wen er verehren will. Auch einen Götter-„Himmel" als Ort irgendwo über uns im Nirgendwo, in dem alle versammelt sind, gibt es nicht. Jedes Tier, jede Pflanze, jeder Berg und Bach kann göttlich sein oder der Sitz eines göttlichen Wesens. Wo und wer genau eine Gottheit in sich birgt, weiß man nicht. Und jeder Gott ist letztlich genauso viel wert wie der andere. Was selbstverständlich auch für Göttinnen gilt, auch wenn Frauen im Hinduismus sonst nicht gleichrangig mit den Männern waren oder sind. Aber das ist in den alten Schriften anderer Religionen nicht anders. Welchen Gott welcher Hindu verehrt, sieht man bei den Gläubigen zu Hause: Dort steht der persönliche oder Familienaltar, an dem der oder die Bewohner „ihrem" Gott oder „ihrer" Göttin Opfer bringen.

Die Götter helfen den Menschen, richten aber nicht über sie. Es ist nicht so, dass ein Gläubiger „seinem" Gott etwas schuldig ist oder sich ihm gegenüber versündigen kann. Denn feste göttliche Gebote in dem Sinn, wie wir es etwa von den Zehn Geboten der Bibel her kennen, gibt es nicht. Wohl aber die Lehren, die in den heiligen hinduistischen Schriften gesammelt sind und an die die Gläubigen sich halten sollten. Die Götter wachen auch nicht über Wohl und Wehe der Menschen, belohnen und strafen nicht und sind schon gar nicht dafür zuständig, jemanden zu erlösen. Dafür muss jede Seele selbst sorgen. Dennoch können sie den Menschen zur Seite stehen und ihnen helfen – oder auch nicht.

Nach den alten Überlieferungen des vedischen Glaubens, aus dem der Hinduismus entstanden ist, führen die Götter selbst ein aufregendes, buntes Leben: Sie streiten untereinander, müssen auf der Hut sein vor Dämonen, treiben selbst

WELTALTER
Der Hinduismus teilt die Zeit in vier Weltalter ein, von dem jedes viele Hunderttausend Menschenjahre zählt: Das erste war 1 728 000 Jahre lang, das zweite 1 296 000, das dritte 864 000 und Kali, das unsere, wird 432 000 Jahre dauern – wobei niemand weiß, in welchem Jahr wir gerade stehen.

diesen und jenen Schabernack, tanzen, lieben, spielen. Von den Abenteuern, Konkurrenzkämpfen, Liebeserlebnissen, ja sogar „Familiensorgen" der Götter erzählen die alten Veden.

Die Veden wurden über Jahrtausende mündlich weitergegeben und schließlich etwa 500 Jahre vor Beginn unserer Zeitrechnung (in christlicher Tradition gemeinhin „nach Christus" genannt) in Sanskrit verfasst: in Versen, Liedern und Lektionen. Etwas „jünger" sind die Upanishaden, Niederschriften von philosophischen Erklärungen, Einsichten, Geheimnissen und Lehren, die Priester und weise Lehrer, Gurus, an ihre Schüler weitergegeben haben und dies heute noch tun.

Im Unterschied zum Buddhismus, Christentum und Islam gibt es im Hinduismus keinen Religionsstifter oder -gründer, sondern er entsprang den Erzählungen, Überlieferungen, Lehren und Schriften des vedischen Glaubens, dessen Ursprünge sich rund 4000 Jahre zurückverfolgen lassen. Manche Gelehrte bestreiten daher sogar, dass der Hinduismus eine „richtige" Religion ist. Der Hinduismus gilt auch als Glaube an eine von Göttern durchdrungene, beseelte Natur. Ein Gelehrter verglich ihn einmal mit einem Dschungel, weil es in der „Götterwelt" der Hindu so bunt und vielfältig zugeht wie in einem Urwald, in dem die Pflanzen wild wuchern. Die Menschen wissen nie genau, ob und in welcher Gestalt ihnen ein Gott begegnet. Auch dieses ist anders als in anderen Religionen: Nicht nur die Menschen, sondern ebenso die Götter haben ein Dharma, eine Pflicht, zu erfüllen. Verstoßen sie dagegen, kann ihnen wie den Erdbewohnern ein Abstieg in eine niedrigere Existenz drohen, aus der sie nur durch eine Wiedergeburt erlöst werden können.

VEDISCHE GÖTTER
Noch heute werden von manchen Hindu vedische Götter verehrt. Deren wichtigste sind Agni, der Gott des Feuers, Indra, der Gott des Krieges, des Himmels und des Regens, Syrya, der Sonnengott, und Rudra, der Herr der Stürme. Rudra wurde zu Shiva. Vishnu, der Bewahrer, wurde direkt aus den Veden übernommen.

Sehen wir uns in der indischen Götterwelt etwas genauer um: Die Dreiheit der Götter Brahma, Vishnu und Shiva heißt im Hinduismus Trimurti – und erinnert entfernt an die Dreifaltigkeit des Gottes der Christen, die aus Gottvater, dessen Sohn und dem Heiligen Geist besteht, aber anders als im Hinduismus als nur ein Gott verstanden wird. In der indischen Religion sind sie drei eigenständige Götter, von denen jeder eine Frau hat, die wiederum göttlich ist.

Brahma, der Gott in der Lotosblüte von Vishnus Nabel, hat vier Arme und vier Köpfe. Er gilt als Gott der Schöpfung. Damit ist jedoch nicht eine Schöpfungsgeschichte gemeint, wie es sie im Alten Testament der Juden und Christen gibt. Brahma entstand aus der Weltseele, die über allem schwebt, dem Brahman. Sie ist der Ursprung und das Ziel allen Seins. Brahma hat dieser Weltseele Gestalt gege-

ben und sich aus dieser selbst erschaffen. Eine andere Version seiner Entstehung besagt, dass er aus einem Ur-Ei hervorgegangen ist. Als er mit seiner Geisteskraft die Schale dieses Eis zerbrach, entstanden daraus Himmel und Erde. Jeder der vier Köpfe des Brahma blickt in eine andere Himmelsrichtung. Ursprünglich soll er sogar fünf Häupter gehabt haben. Eines aber habe ihm, so eine Version, der Gott Shiva abgeschlagen und ihn damit dafür bestraft, dass Brahma die eigene Tochter zur Frau nahm. Außerdem verfluchte Shiva ihn. Obwohl Brahma einer der Hauptgötter ist, wird er deshalb in nur wenigen Tempeln verehrt. Eine andere Überlieferung erzählt, eine seiner Frauen habe ihm den fünften Kopf abgetrennt, weil er sie mit dessen Augen immer im Blick haben wollte und überallhin verfolgte. Auch davon, was Brahma in den vier Händen seiner vier Arme hält, gibt es unterschiedliche Darstellungen: Entweder sind es die vier heiligen Schriften der Veden oder ein Wassergefäß, eine Mala (Gebetskette), ein beschriebenes Palmblatt und ein Opferlöffel. Manchmal bleibt eine Hand auch frei und formt die Mudra, die Geste der Ermutigung. Wenn Brahma unterwegs ist, reitet er auf einer weißen Gans, häufig auch als Schwan dargestellt. Brahma wird zudem als Gott der Kinder verehrt, weil Kinder die Schöpfung fortsetzen und mit jedem ein neues Leben beginnt.

Vishnu, über dessen irdische Leben als Avatare es die meisten Überlieferungen gibt, ist der Gott, der alles erhält. Er wird häufig auf der Schlange liegend im Milch-Ozean dargestellt. Er ist ein schöner junger Mann, der wie ein König gekleidet und reich geschmückt ist. Ein Juwel ziert seine Brust. Auch Vishnu hat vier Hände. In einer trägt er eine Keule als Symbol für seine Stärke, die er für den Kampf gegen Dämonen als Verkörperungen des Bösen braucht. Das Muschel- oder Schnecken-horn in einer anderen Hand steht für den Ton oder Schall, der, so wie Vishnu als Erhalter, alles durchdringt. Vishnus drittes Attribut ist eine Scheibe oder ein Rad als Zeichen für den ewigen Kreislauf von Werden und Vergehen oder für die Sonne, die ja auch regelmäßig auftaucht und den Blicken der Menschen am Ende eines Tages am Horizont wieder entschwindet. Die vierte Hand hält entweder eine Lo-tosblume, zeigt die Geste des Schutzes oder der Erfüllung von Wünschen oder ist in die Hüfte gestemmt. Vishnus Reittier ist der Adlermensch Garuda, den riesige Flügel durch die Lüfte tragen. Vor den Vishnu-Tempeln gibt es immer auch einen Schrein für diesen Adler, denn er wird als göttliches Tier verehrt.

Der dritte im Bund ist Shiva, der Zerstörer. Mit Zerstörung ist dabei nichts Schreckliches gemeint, auch wenn Shiva sehr wütend werden kann. Mit dem Zerstören ist es wie mit dem Sterben: Es ist nötig, damit etwas Neues entstehen und die Seele nach einer Wiedergeburt ein anderes Leben beginnen kann. Jede Zerstörung ist Chance auf und Voraussetzung für einen Neubeginn. Wo etwas verschwindet, wird Platz für Neues. Wie von allen Göttern gibt es verschiedene Darstellungen des Shiva: Bilder und Statuen zeigen ihn häufig als Asketen, also genügsamen Mann, der sich mit dem Notwendigsten bescheidet und nur ein Tuch um die Lenden trägt. Sein verfilztes Haar ist zusammengebunden. Oft wird er mit erregtem Glied gezeigt. Es gilt als Symbol für Kraft, Erotik und Fortpflanzung. Auf der Stirn trägt Shiva ein drittes, senkrecht stehendes Auge, das Auge der Er-kenntnis, aus dem er aber auch einen tödlichen Lichtstrahl als Feuersymbol ent-senden kann. Einmal hat er damit einen anderen Gott getötet, der dadurch in den Kreislauf der Wiedergeburten zurückgeworfen wurde. Auch als Wesen, das halb Mann, halb Frau ist, wird Shiva manchmal dargestellt. Ebenso mit einer Mondsi-chel und der Flussgöttin Ganga in seinem verfilzten Haar. Seine vier Hände halten ein Schneckenhorn, einen Dreizack und eine Sanduhr. Mit der vierten Hand formt er die Geste der Erlösung. Shiva trägt Reitstiefel und eine Kobraschlange um den

Hals. Sein Reittier ist ein Zebu, ein Stier mit Höckern, das Nandi heißt. Die Tiere der Götter werden auch als göttlich angesehen.

Die Trimurti haben Gattinnen: Brahmas Frau ist Sarasvati, die Göttin der Sprache, Kunst und Wissenschaft. Sie ist meist weiß gekleidet. Die Gemahlin von Vishnu ist Lakshmi, die Göttin des Wohlstands und der Reichtümer. Sie wird häufig begleitet von zwei Elefanten. Parvati, die Frau an Shivas Seite, wird in vielen verschiedenen Erscheinungsformen dargestellt. Einer ihrer anderen Namen ist Shakti, die als weibliche Urkraft des Universums gilt. Shivas Frau erfüllt den Göttern Wünsche und reitet auf einem Löwen. Die beiden werden manchmal Händchen haltend wie ein Liebespaar dargestellt. Auf anderen Darstellungen sitzt Parvati auf Shivas Knien. Tritt Shiva als Doppelwesen – Mann und Frau – auf, heißt seine weibliche Hälfte ebenfalls Shakti. Aus den Kulten um Shakti entstand eine hinduistische Glaubensrichtung, die Tantrismus genannt wird. In ihm wird das Einswerden mit der Weltseele häufig durch Symbole der geschlechtlichen Liebe zwischen Mann und Frau ausgedrückt: So wie sich körperlich Liebende miteinander verschmelzen, stellen sich Anhänger des Tantra das Aufgehen im Brahman vor.

Shiva und Parvati sind die einzigen Eltern in der Trimurti. Ihre beiden Söhne sind göttlich wie sie. Am meisten lieben die Hindu Ganesha. Er hat einen menschlichen, wohlbeleibten Körper und den Kopf eines Elefanten. Warum das so ist, erzählen die uralten Überlieferungen verschieden, in beiden Versionen hat er den Kopf des Rüsseltieres aber Shiva zu „verdanken". Einmal heißt es, seine Mutter Parvati habe eine Knabenfigur modelliert und ihr Leben eingehaucht, ein andermal, Shiva habe ihn erschaffen. Jedenfalls bat Parvati Ganesha eines Tages, vor ihrer Tür Wache zu stehen, damit niemand sie beim Bad störe. Shiva war damals für längere Zeit unterwegs gewesen, kam aber just an diesem Tag überraschend zurück. Er erkannte den Sohn nicht und wurde wütend, dass ihm ein junger Mann den Weg zu Parvati verstellte. In seinem Zorn schlug er Ganesha mit seinem Dreizack den Kopf ab. Als ihm aufging, wen er da getötet hatte, schickte Shiva sofort seine Diener los, damit sie für Ganesha einen neuen Kopf besorgten. Sie sollten den des nächsten Wesens nehmen, auf das sie trafen, das mit dem Haupt nach Norden schlief. Dieses erste Wesen auf dem Weg der Diener aber

TIERSYMBOLE
Skorpione sind das Symbol für Lakshmi, Tausendfüßler das für Sarasvati. Die Kobra, mit der Ganesha gegürtet ist und die sein Vater Shiva um den Hals trägt, wird als heilige Schlange verehrt.

war ein Elefant. Sie hieben ihm den Kopf ab und brachten ihn Shiva, der ihn seinem Sohn auf den Hals setzte. Es heißt, dass manche Inder noch heute ungern mit dem Haupt gen Norden schlafen … Vielleicht mögen die Hindu Ganesha auch deshalb besonders gern, weil er aussieht wie ein drolliges riesiges Elefantenbaby, das mit Begeisterung nascht. Damit sein dicker, runder Bauch nicht noch weiter aufgeht, trägt er eine Kobra als Gürtel.

Sehr bekannt ist auch der Affengott Hanuman: Er heilt Krankheiten und schenkt Gesundheit, ist ein ewiger Junggeselle und Symbol für den Sieg des Geistes über Begierden und Triebe. Als Vishnu in Gestalt des Rama seine entführte Gattin Sita im Urwald suchte und befreite, half ihm Hanuman. Er wird meistens kniend oder sitzend dargestellt und hat dicke, rote Lippen. Auch dafür gibt es eine Erklärung: Hanuman konnte bereits als Kind fliegen und war sehr neugierig. Eines Tages entdeckte er die Sonne am Himmel und dachte, sie sei eine leckere Frucht. Er flog zu ihr und biss hinein. Dabei hat er sich den Mund verbrannt.

Den heiligen Fluss Ganges verehren die Hindu, weil er die Göttin Ganga symbolisiert. Gangas Auftrag war es, die Erde zu bewässern. Weil sie es liebte, wild herumzuspringen, zwang Shiva sie in das Bett des Flusses Ganges. Mit einem Bad in seinem Wasser kann ein Hindu das schlechte Karma vieler seiner vergangenen Leben abwaschen und damit die Anzahl der Wiedergeburten seiner Seele verringern. Wer in der heiligen Stadt Benares am Ufer des Ganges stirbt, seinen Leichnam dort verbrennen und die Asche in sein Wasser streuen lässt, kann sogar direkt Moksha, das Lebensziel, erreichen: endlich vom Kreislauf der Wiedergeburten befreit zu sein. Wer es sich leisten kann, lässt sich deshalb im Alter in Benares nieder, um dort zu sterben.

Neben den Göttern in Gestalt von Personen gibt es auch göttliche Tiere und Pflanzen. Die bekannteste und meist verehrte Tiergottheit ist die heilige Kuh. In ihr haben alle wichtigen Götter einen Sitz: Shiva im Gesicht, Ganesha am linken Nasenloch, Sonne und Mond – alte vedische Gottheiten – in den Augen. Hanuman sitzt im linken Schenkel, Vishnu und Brahma im Hals, im hinteren Rücken Ganga, um nur einige zu nennen. Noch heute kann man in Indiens Städten miterleben, dass der Verkehr anhält, wenn eine Kuh sich auf die Straße legt.

Der Begriff „heilige Kuh" ist auch uns bekannt: Er steht dafür, dass etwas unantastbar ist und nicht in Frage gestellt werden sollte.

Die „heilige Kuh" unter den Pflanzen ist der Pipalbaum – eine Ficus-Art. Auch in ihm haben alle Götter einen Sitz: Der Baum als solches steht für Vishnu, die Wurzeln für Brahma und die Krone für Shiva. In ihm wird die Trimurti verehrt. Pipalbäume stehen meist an Tempeln oder an den Ufern von Flüssen. Die heilige Pflanze für den Hausaltar in indischen Wohnungen und Häusern ist Tulasi– eine Art Basilikum, das bis zu drei Metern hoch werden kann. Aus dem Holz des Stammes werden die Perlen der Mala, der Gebetsschnüre der Hindu, geschnitzt. Dieses Gewächs zu verehren gehört zu den täglichen religiösen Ritualen. Nach alten Überlieferungen war eine junge Frau namens Tulasi in Vishnu verliebt, weshalb dessen eifersüchtige Gattin Lakshmi sie in diese Pflanze verwandelt hat.

stirb und werde

Was ist der Sinn des menschlichen Lebens? Und vor allem: Wo führt es hin? Was kommt danach? Für Hindu ist das Leben immer nur ein Abschnitt des Seins der Seele. Niemand weiß, wie viele Leben die seine schon hinter sich hat und wie viele noch vor ihr liegen. Das altindische Sanskrit-Wort Samsara (= Wanderung) bezeichnet den Kreislauf von der Geburt in Gestalt eines lebenden Wesens, dessen körperlichem Tod und der Wiederkehr auf die Erde in einer neuen Hülle. Hindu wünschen sich nichts sehnlicher, als diesen Kreislauf endlich beenden zu können. Atman, wie die Seele im Hinduismus heißt, hat erst Ruhe, wenn sie in die Weltseele Brahman ein- und in ihr aufgeht. Dieses von allem Losgelöstsein wird Nirwana genannt.

Die Bedingung dafür ist, dass sie die für alle gültigen Gesetze eingehalten und ohne Schaden für andere gelebt hat. Zu diesem ewigen Gesetz, dem Sanatana-Dharma, gehört es, nicht zu lügen, nicht zu stehlen, nicht im Neid auf andere zu leben, einem anderen Menschen nicht die Frau oder den Mann wegzunehmen und nicht schlecht über andere zu reden. Das allerhöchste Gebot aber ist das der Gewaltlosigkeit. Eine aus dem Hinduismus hervorgegangene Glaubensrichtung, die Dschainisten, nehmen das Gewaltverbot so ernst, dass sie sich sogar davor hüten, Insekten, Würmer oder anderes kleines Getier, das auf dem Boden vor ihnen

WER DIE SINNE IN SEINER GEWALT HAT, DESSEN VERSTAND IST FEST GEGRÜNDET.
Bhagavad Gita

liegen oder kriechen könnte, zu zertreten. Manche tragen Fußketten mit Glöckchen, deren Klang kleine Tiere vertreiben soll, und führen immer einen Besen mit sich. Damit kehren sie vor jedem Schritt den Weg vor sich frei, um kein Tier zu zertreten. Einige tragen sogar ein Tuch vor dem Mund, um nicht versehentlich eine Mücke zu verschlucken.

Ebenso wichtig wie das Sanatana-Dharma, das allumfassende Gebot des richtigen Lebens, ist das Sva-Dharma, der ganz persönliche Auftrag für die eigene Seele, der nur für diese gilt und für jeden Menschen ein anderer ist. In der Bhagavad Gita sagt Krishna zu Arjuna: „Es ist besser, den eigenen Auftrag schlecht zu erfüllen, als das Sva-Dharma eines anderen perfekt." Das Gewaltverbot des Hinduismus ist deshalb kein Widerspruch: Aufgabe eines Kriegers ist es nun einmal, in den Krieg zu ziehen, auch wenn dazu Gewalt gehört. Wenn er dieser seiner Pflicht nachfolgt, verstößt er nicht gegen das Verbot, denn ein Krieg, wie Arjuna ihn führen muss, gilt als „gerechter Krieg", weil er damit die gültige Ordnung vor Zerstörung bewahrt oder wiederherstellt.

Die Pflichten der Seele

Was genau dieser Auftrag einer Seele ist, hängt in erster Linie von der Kaste ab, in die hinein ein Mensch und sein Atman geboren wurden.

Dazu heißt es im Gesang des Erhabenen: „Das Handeln der Brahmanen (Priester und Gelehrte), Kshatriyas (Krieger und Fürsten), Vaishyas (Händler und Großbauern) und auch der Shudras (Handwerker und Pachtbauern) ... unterscheidet sich je nach Eigenschaft ihrer inneren Natur:

Weisheit, Selbstbeherrschung, Friedfertigkeit, Reinheit, Aufrichtigkeit und Wissen bilden die Pflichten eines Brahmanen, entsprechend seiner Natur.

Heldenhaftigkeit, Kraft und Ausdauer, nicht zu fliehen, auch nicht in der Schlacht, Großzügigkeit und Führungsqualitäten, dies sind die Pflichten eines Kshatriyas gemäß seiner Natur.

Ackerbau, Viehzucht und Handel sind die Aufgaben eines Vaishyas.

Aufgabe der Shudras ist es, niedere Dienste zu verrichten."

Die Mitglieder der untersten Kasten werden auch „Unberührbare" genannt. Und das ist wörtlich gemeint: Ein Angehöriger einer höheren Kaste durfte sie früher nicht berühren und schon gar nicht zum Essen mit ihnen am selben Tisch sitzen, sonst drohte ihm der Verstoß aus seiner Kaste, denn er hatte sich „unrein" gemacht. Eheschließungen zwischen Menschen, die verschiedenen Kasten angehörten, waren gewöhnlich undenkbar. Seit Mitte des vergangenen Jahrhunderts ist diese ungerechte, Menschen verachtende Art der Behandlung und Benachteiligung in Indien zwar gesetzlich verboten, aber vor allem auf dem Land dennoch auch heute noch weit verbreitet.

Mit abendländischen Moralvorstellungen von richtig und falsch, gerecht und ungerecht, fair und unfair sind diese hinduistischen Glaubensgrundsätze denn auch nicht zu messen: Nicht Ehrgeiz, nicht Fleiß, nicht seinem Gott ergebene Frömmigkeit im gegenwärtigen Dasein können einem Menschen nach dem alten hinduistischen Glauben helfen, in eine höhere Kaste aufzusteigen, sondern nur sein Karma, sein Lebenszeugnis. Zeigt es, dass die dazugehörige Seele in ihrer letzten Existenz „richtig" gelebt hat, kann sie in einer höheren Kaste oder Existenz wiedergeboren werden, für die dann ein anderer Auftrag gilt. Das Karma macht den Weg frei, Stufe für Stufe mit jeder Wiedergeburt einen höheren Rang im nächsten Dasein einzunehmen. Umgekehrt gilt, falls das Lebenszeugnis viele Minuspunkte aufweist, dass die Seele in eine niedere Existenz zurückgeworfen werden kann und sich dann in den nächsten Wiedergeburten mühsam erneut nach oben arbeiten muss. Dieser Weg kann nicht durch überirdische oder göttliche Gnade abgekürzt werden. Erlösung von Schuld im Sinne der biblischen Verheißung durch einen Erlösergott kennt der Hinduismus nicht.

Von Lügnern und Bücherdieben

„**Wie der Mensch** alte Kleider ablegt und sich neue anlegt, so verlässt die Seele den Körper und sucht sich einen neuen", heißt es in der Bhagavad Gita. Die Geburt als Mensch, egal welcher Kaste, ist dabei schon eine weit fortgeschrittene Stufe. Denn eine Seele kann auch als Pflanze, Tier oder gar als Gegenstand wiedergeboren werden, wenn sie in der Existenz in ihrem vorherigen Körper Fehler gemacht und falsch gelebt hat. Verstöße gegen das Sva-Dharma mit der Sprache, zum Beispiel durch Lügen, können dazu führen, dass die Seele als Vogel wiedergeboren wird. Hat sie geistige Schuld auf sich geladen, fällt sie in eine niedrigere Kaste zurück.

Im Mittelalter erstellten Gelehrte sogar eine Liste mit Strafen für unterschiedliche „Verfehlungen": So kann die Seele eines Brahmanen, der seinen Priesterpflichten nicht ordentlich nachgekommen ist, in den nächsten Leben bis in die Kaste der Unberührbaren abstürzen.

Das Gleiche kann einer Seele widerfahren, deren Inkarnation als Mensch sich von der Wahrheit oder ihrem religiösen Lehrer, dem Guru, abgewendet hat. Wer einen Brahmanen oder seinen Guru beleidigt hat, dem droht sogar eine Wiedergeburt als böser Geist, als Dämon. In einem heiligen Buch dieser Zeit, dem Sri Gurucaritra, heißt es, wer Arzneimittel stiehlt, wird ein Kamel, wer Honig klaut, ein Vogel, wer Essen stibitzt, eine Heuschrecke, ein Bücherdieb wird als Blinder wiedergeboren.

Bei aller Angst der Hindu vor dem Abstieg der Seele und davor, noch Jahrtausende im Kreislauf der Wiedergeburten gefangen zu sein: Es bleibt die Hoffnung, dass dies irgendwann ein Ende hat. Jedes neue Leben ist auch eine neue Chance. Dieser Glaube an die Wiedergeburten, auch als Pflanze oder Tier, ist ein Glaube an eine beseelte Natur. Auch darin ist begründet, dass viele Hindu Vegetarier sind. In jedem Tier könnte ja eine Seele verborgen sein.

SCHULD UND SÜNDE
Die Sri Gurucaritra ist über 500 Jahre alt. Auch andere Religionen wie das Christentum malten im Mittelalter die Folgen von sündigem Leben in düsteren Farben aus: Die Gläubigen lebten in Angst davor, nach dem Tod im Fegefeuer zu schmoren oder in der Hölle ewige Verdammnis zu erleiden.

die Lebensleiter und ihre Regeln

Wie in allen Religionen stecken die Heiligen Schriften der Hindu voller Rätsel, Bilder, Gleichnisse und Geschichten, die es richtig auszulegen gilt. Kein anderer Glaube ist so vielfältig und bunt, aber auch so offen. Es gibt viele verschiedene Richtungen innerhalb dieser Religion, was schon damit anfängt, dass jeder sich einen Lieblingsgott aussuchen kann. Eines sollten wir nicht vergessen: Die rätselhaften und mystischen Erzählungen und Überlieferungen lesen sich für uns wie alte Sagen und Märchen. Den Hindu wird es mit vielen Geschichten aus dem Alten und Neuen Testament der Bibel vielleicht ähnlich gehen, obwohl es in ihren Schriften nach unserem Verständnis noch viel fantastischer zugeht. Dass eine Schlange die biblische Eva zur Sünde verführte, dass Jesus übers Wasser ging, lässt sich mit dem Verstand ebenso wenig begreifen wie die Vorstellung, dass Götter einen Milch-Ozean quirlen oder einen abgeschlagenen Kopf durch den eines

Elefanten ersetzen. Die größte Herausforderung an den Glauben der Christen ist der an die Auferstehung des von ihnen als Erlöser angebeteten Gottessohnes Jesus. Für Hindu ist dies dagegen weniger befremdlich, steht doch jedem von ihnen mit den Wiedergeburten Ähnliches bevor. So wie Juden und Christen darauf hoffen, dass ihnen ein Erlösergott nach dem Tod ein ewiges Leben beschert, hoffen die Hindu auf ewige Ruhe durch ein Ende von Samsara, dem Kreislauf der Wiedergeburten. Das hängt aber nicht von der Gnade eines Gottes ab, sondern nur von ihnen selbst: davon, dass sie in jedem Leben den richtigen Weg eingeschlagen haben.

Als Hindu wird man geboren

Wie wird man zum Hindu? Als Hindu wird man geboren. Nicht wie bei den Juden, die, wenn die Mutter Jüdin war, automatisch diesem Volk und seinem Glauben angehören. Sondern weil in jedem Leben die Wiedergeburt einer Seele steckt. Nach hinduistischer Überzeugung ist nicht ausgeschlossen, dass auch in einem Andersgläubigen eine wiedergeborene Seele ein neues Dasein fristet. Deshalb nehmen hinduistische Gemeinschaften heute auch Konvertiten, Menschen, die die Religion wechseln wollen, auf.

Der indische Heilige Ramakrishna, der von 1836 bis 1886 lebte und sich auch mit dem Islam und dem Christentum befasst hat, betonte die Gleichwertigkeit aller Religionen und riet den Menschen, durchaus auch die anderen „auszuprobieren". Er sah in allem Leben und der Existenz der Welt einen einzigen Urgrund und fasste seine Überzeugung in ein anschauliches Gleichnis: „Gott ist auf dem Dach. Nun muss man hinaufklettern. Die einen nehmen eine Leiter, die anderen ein Seil oder eine

Steintreppe oder eine Bambusstange." Wer welchen Weg wähle, sei egal, es komme einzig darauf an, hinaufzugelangen: „Ein jeder gehe seinen eigenen Pfad!"

Diese grundsätzliche Toleranz, also der Respekt vor dem Glauben anderer, zeigt sich zum einen darin, dass jeder Hindu frei ist, zu wählen, welche der vielen verschiedenen Götter ihm am nächsten stehen oder welcher der vielfältigen Richtungen er anhängt. Zum anderen sind Hindu nicht darauf aus, Nicht- oder Andersgläubige zu bekehren, also von ihrer Religion zu überzeugen. Bis auf einige hinduistische Sekten gibt es keine Missionierung wie etwa im Christentum.

Gurus weisen den Weg

Für die Hindu spielen religiöse Lehrer, Gurus genannt, eine große Rolle. Ein Guru in diesem Sinne ist ein geistiger Lehrherr, der sein Wissen über die Heiligen Schriften weitergibt, sie auslegt und seinen Schützling einweist in die Geheimnisse und Wahrheiten der Religion. Außerdem begleitet er seinen Schüler auf dem Weg zur Erlösung. Die ersten „Gurus" sind die Eltern, so wie ein Kind alles, was es für das Leben wissen muss, zunächst von Mutter und Vater erfährt. Heranwachsende werden dann zu einem richtigen Guru, einem Lehrer, geschickt. Es gibt Gurus, die nur einen oder wenige Schüler haben, aber auch berühmte, denen viele Tausend Anhänger folgen. Manche wurden und werden sogar als Verkörperungen eines Gottes verehrt. Einige versammeln ihre Anhänger in Ashrams, hinduistischen Klöstern, um sich. Kinder aus den drei oberen Kasten werden – je nach Kaste – 36, 18 oder acht Jahre lang in die Obhut eines Gurus gegeben.

Die vier Lebensstufen

Nach dem Glauben der Hindu durchläuft jeder Mensch vier Lebensstufen, Ashramas. Die erste Stufe, Brahamacarya, auch Zeit der Enthaltsamkeit genannt, ist die der Schüler und Studenten. Sie dient dem Lernen der Veden sowie verschiedener Künste und Wissenschaften. Wissen und eine gute Ausbildung gelten als wichtiger Schritt auf dem Weg zur Erleuchtung. In diesem ersten Stadium des viergeteilten Lebensweges werden die Heranwachsenden zu Bescheidenheit, Aufrichtigkeit und Respekt erzogen und müssen auf vieles verzichten: auf Luxus, leibliche

BERÜHMTE GURUS
Weltweit bekannt wurden der Guru Bhaktivedanta Swami Prabhupada, der 1966 in den USA die Gruppe Hare Krishna gründete. Ein anderer Guru war Rajneesh Chandra Mohan. Er nannte sich „Baghwan", der Erleuchtete, oder „Osho", der Priester, und scharte im indischen Poona zahlreiche Anhänger um sich.

WER DIE
BEGIERDEN
AUFGIBT,
OHNE
VERLANGEN
HANDELT,
OHNE SELBST-
SUCHT UND
EGOISMUS
IST, DIESER
ERLANGT DEN
FRIEDEN.
Bhagavad Gita

Genüsse, Schmuck, Bequemlichkeit, ja sogar Schuhe. Oft leben die jungen Leute nicht mehr zu Hause, sondern bei ihrem Guru.

Der zweite Lebensabschnitt, Grahasthya, ist der der Haushaltsgründung: Es gilt, zu heiraten, Kinder in die Welt zu setzen und die Familie zu ernähren. Die Frau wurde dabei früher als „weibliche Hälfte" des Mannes angesehen, ganz wie dies der Gott Shiva mit seiner Frau Parvati in Gestalt der Shakti vorlebte. In traditionellen Hindu-Familien gibt es keine Liebesheiraten, sondern Mann und Frau werden von den Angehörigen für einander ausgesucht. Früher kannten die künftigen Ehepartner sich häufig noch nicht einmal. Es ging vor allem darum, zwei Familien wirtschaftlich miteinander zu verflechten. Treue ist in hinduistischen Familien oberstes Gebot und Scheidungen sind in Indien weit seltener als in anderen Kulturen und Regionen.

Heute werden in Indien zwar immer noch Ehen arrangiert, die jungen Leute lernen sich aber durchaus vorher kennen. Dass Eltern für ihre Töchter oder Söhne die Partner aussuchten, war bei uns zum Beispiel in Grundbesitzer-, Fabrikanten- oder bäuerlichen Familien im vergangenen Jahrhundert durchaus auch noch üblich. Liebe, so hieß es, stelle sich später mit den Kindern ein. Mitgift-Hochzeiten, wie sie früher üblich waren, sind in Indien seit einem halben Jahrhundert verboten. Danach musste die Familie der Braut der des Schwiegersohns bei der Hochzeit eine hohe Mitgift bezahlen. Wer mehrere Töchter hatte, war da schnell ruiniert, weshalb es als Unglück galt, wenn eine Frau keine Söhne bekam. Zumal die Schwiegerfamilie dann häufig nach der Eheschließung weitere Zahlungen verlangte. Wurden diese nicht geleistet, war das für manche Ehefrau lebensgefährlich. Noch immer kommt es in Indien zu Mitgift-Morden – häufig als „Küchenunfälle" getarnt: Da in vielen Haushalten noch mit Kerosin gekocht wird, kommt es angeblich immer wieder mal vor, dass der Sari einer jungen Frau in der Küche „Feuer fängt". 2005 wies die indische Kriminalitätsstatistik über 7000 Mitgift-Morde aus.

Ein Überbleibsel einer alten Hindu-Tradition, das Anfang des 19. Jahrhunderts verboten wurde, sind Witwenverbrennungen: Danach bestiegen, vor allem in der Kaste der Brahmanen, Witwen nach dem Tod ihres Mannes den Scheiterhaufen, auf dem sein Leichnam verbrannt wurde, um ihm auf dem Weg aus dem Leben zu folgen. Diese Witwen wurden Satis genannt, was so viel heißt wie: „Frau, die den richtigen Weg wählt." Diese Satis wurden als übermenschlich treue Ehefrauen verehrt und Witwen häufig dazu gedrängt oder gezwungen. Der historische Hintergrund ist, dass Fürstenfrauen oft lieber starben, als einem Feind in die Hände zu fallen.

Der dritte Lebensabschnitt Vanaprashta dient der Loslösung von der Familie und dem Rückzug. Nach der indischen Philosophie soll der Hausvater, wenn er sieht, „dass seine Haut runzlig wird, das Haar grau oder dass seine Kinder Kinder bekommen", wie es im Buch eines indischen Gelehrten heißt, „in den Wald ziehen". Ein Hindu soll dann den weltlichen Dingen entsagen, an heilige Stätten pilgern wie zum Beispiel in die Stadt Shivas, Benares, nach Mathura, der angeblichen Geburtsstadt Krishnas, oder nach Haridwar, wo der Ganges aus dem Himalaya ins Flachland fließt und Vishnu in einem Stein einen Fußabdruck hinterlassen haben soll. In diesem Teil des Lebens ist ein Hindu nicht mehr zur Teilnahme am gesellschaftlichen Leben verpflichtet.

In Erwartung des letzten Abschnitts des irdischen Daseins und der Vorbereitung auf den Tod soll ein Hindu in der vierten Phase, der der Entsagung, Sannyasa, in Frieden mit sich selbst und der Welt leben, sich vollends von allen irdischen Begierden, Sorgen und Gedanken lösen und in sich selbst versenken. Im Idealzustand lebt er dann als bedürfnisloser Asket.

Die vier Lebensabschnitte spiegeln wider, dass das Dasein eines Menschen auf der Erde erst in Zuwendung zu den irdischen Dingen und der Gesellschaft und dann in Abwendung von beidem besteht: Zur Zuwendung gehört, sich zu bilden, für sich und die Gemeinschaft etwas zu leisten, wozu auch die Gründung einer Familie gerechnet wird. Die Abwendung ist der Weg zurück und hin zum eigenen Ich, zur Seele, die mit dem Tod den nächsten Schritt Richtung Moksha, der ewigen Erlösung, tut. Dies war traditionell der ideale Weg eines Hindu durchs Leben, dem

ZEICHEN UND SYMBOLE
Manche Hindu tragen religiöse Symbole. Jungen Männern wird als Zeichen ihrer Glaubensreife eine heilige Schnur über die Schulter gehängt. Frauen und Mädchen tragen häufig einen roten Punkt auf der Stirn. Vishnu- und Shiva-Verehrer zeichnen einen Strich dorthin.

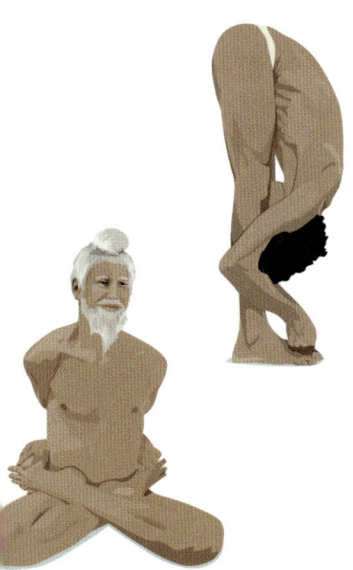

längst nicht alle buchstabengetreu folgen. Und da Frauen nach den alten Überlieferungen nicht gleichwertig waren (wie in allen anderen Religionen auch), galt er nur für Männer.

Eine besonders intensive Art der Askese leben die Sadhus, heilige Hindu-Männer, von denen es in Indien viele Millionen gibt. Sie haben allem materiellen Besitz entsagt, tragen häufig nur ein Tuch um die Lenden oder sind ganz nackt. Sie haben keine Wohnung, sondern ziehen sich in Höhlen zurück, halten sich im Wald auf oder wandern umher. Ein Sadhu lebt einzig von dem, was er in der Natur findet oder andere ihm als Almosen geben. Manche fasten auch über lange Zeit. Es gibt Sadhus, die sich nicht bewegen, sondern in einer Position, zum Beispiel über Monate still auf einem Bein stehend, verharren.

Yoga – die acht Stufen der Versenkung

Yoga – bei uns bekannt und beliebt als Mittel der Entspannung, Fitness und Körperbeherrschung – stammt aus dem Hinduismus. Dort ist es eine wichtige religiöse Übung, die dabei helfen soll, sich von allem Äußeren zu lösen und letztlich nur noch Geist zu sein. Yoga ist ein Mittel zur Selbsterkenntnis, die nötig ist, um das übergeordnete und das eigene Dharma zu verstehen. So, wie es der Wagenlenker Krishna dem Krieger Arjuna geraten hat. Yoga ist ein Wegweiser zur Erlösung – auch durch Meditation, das In-sich-selbst-Versinken. In der höchsten Stufe stehen dabei die Gedanken still und der Übende fühlt sich eins mit der Weltseele. Bestimmte Körperhaltungen helfen dabei, dass ein Mensch nur noch sein Innerstes wahrnimmt und eins wird mit seinem Atman, der Seele. Die „heiligen Männer", die Sadhus, treiben dies bis zur Perfektion, sodass sie in einen Zustand geraten, der sie sogar unempfindlich gegen Schmerzen macht. Für Aufsehen sorgen bei uns immer wieder Bilder von Sadhus, die durchs Feuer oder über Glasscherben gehen oder regungslos auf einem Nagelbrett liegen, ohne sich zu verletzen.

Yoga eröffnet den Gläubigen neue Bewusstseinsformen. Diese Übungen sind uralt. Es gab sie bereits 200 Jahre vor unserer Zeitrechnung, also vor Christi Geburt, und sie kommen in den philosophischen Schriften der Upanishaden vor.

Die damit einhergehenden Lehrsätze des Yoga – Sutren genannt – wurden von Meister Patanjali zusammengefasst und niedergeschrieben, einem Weisen, der –

EINE LAMPE AN EINEM WINDSTILLEN ORT FLACKERT NICHT.
Bhagavad Gita

genau weiß man es nicht – zwischen 200 v. und 200 n. Chr. gelebt haben soll. Er teilte Yoga in acht Stufen ein:

Die erste, Yama, was so viel wie „sich zurückziehen" heißt, soll den Gläubigen anhalten, sich moralisch richtig zu verhalten und sich auf die Suche nach der eigenen Identität zu machen. Dazu gehört es, herauszufinden, was wirklich wichtig ist: Hängt das Wohlbefinden davon ab, ob ich gut zu essen habe, eine schöne Wohnung, ein Auto oder sonstigen Besitz? Was hat das überhaupt mit mir zu tun?

Die zweite Stufe, Niyama (= regelmäßiges Yama), fordert dazu auf, das Yama in den Tagesablauf zu integrieren, sich also nicht nur im stillen Kämmerlein damit zu beschäftigen, sondern sein Leben danach zu gestalten.

Asana, die dritte Stufe, dient dem Erlernen bestimmter Körperhaltungen, die die Selbstwahrnehmung erleichtern. Das hat nichts mit Fitnessübungen zu tun, sondern soll den Körper für den ungehinderten Fluss der Lebensenergie öffnen. Dabei gibt es keine Standardübungen, die für jeden gut sind. Deshalb führen Gurus ihre Schüler in das für sie passende Asana ein.

Die vierte Stufe, Pranayama genannt, schenkt Kraft durch richtiges Atmen. Mit der Luft soll sich das Prana, die Lebensenergie, im Körper verteilen.

Pratyahara (*pra* = gründlich, *adjaha* = ablehnen, was unnötig ist), der fünfte Abschnitt des Yoga, soll frei machen von der äußeren Sinneswelt, davon, sich vom Sehen, Hören, Fühlen beeinflussen zu lassen. Auf der sechsten Stufe, dem Dharana, was so viel heißt wie Intelligenz, Einsicht, geht es um Meditation, die vollständige Konzentration auf einen Punkt: Im Dharana erkennt der Mensch, dass alles, was um ihn herum existiert, aus seiner Vorstellung geboren ist: Der Geist entscheidet darüber, was in welcher Weise wahrgenommen wird, nicht die Dinge an sich. Ein Gedanke, der auch in der nicht-hinduistischen Philosophie immer wieder aufgegriffen wurde und wird. Im Dhyana, dem siebten und vorletzten Zustand des Yoga, wird diese Versenkung so intensiv, dass nur noch Geist und Seele wahrgenommen werden und äußerliche Einflüsse nicht mehr ins Bewusstsein eindringen. Das achte Sutra des Meisters Patanjali besagt, dass der Mensch auf dieser höchsten Stufe in eine beglückende Leere versinkt, nicht mehr berührt wird von der Außenwelt und sich bereits zu Lebzeiten eins mit dem Kosmos fühlt. Diese höchste Stufe wird Samadhi genannt.

Beten, feiern, sterben

Die Dämmerung – morgens, bei Aufgang der Sonne und abends bei ihrem Untergang – sowie der Übergang vom Vor- in den Nachmittag, der Mittag, sind die Gebetszeiten der Hindu. Die meisten haben für diesen Gottesdienst, Puja genannt, zu Hause eine Nische oder einen Schrein für ihre Lieblingsgötter. Dort stehen Bilder oder Murtis, Statuen, und die heilige Tulasi-Pflanze. Die Gebete werden Mantra genannt. Das wichtigste, mit dem das Ritual beginnt, ist Om oder Aum, mit dem ein Gläubiger sich an das Göttliche wendet. Dieses Mantra ist zugleich eine wichtige Atemübung aus dem Yoga. Zuvor hat sich der Gläubige gereinigt und sprengt Wasser in alle Richtungen, um böse Geister zu vertreiben. Ein anderes Mantra soll die Sünden, die man in der Nacht oder am Tag im Geiste, mit Worten oder dem Körper begangen hat, verbrennen. Die Mantras werden an der Mala, der Gebetskette, abgezählt, die 108 Holzkugeln trägt. Schließlich wird dem Lieblingsgott noch ein Opfer – Obst, etwas zum Naschen oder Geld – gebracht und zum Ende der Zeremonie die Tulasi-Pflanze mit Wasser besprengt.

Diese Riten können auch in einem Tempel vollzogen werden, dessen Innerstes aber nur ein Priester, ein Brahmane, betreten darf. Seine „Gemeinde" führt dann zusammen die Reinigungsriten durch – das Waschen der Füße, Mundausspülen – und bereitet ein Essen vor, von dem den Göttern geopfert wird. Der Rest wird gemeinsam verzehrt. Im Tempel spricht der Priester die Mantras und liest aus den Heiligen Schriften vor.

Zur religiösen Pflicht eines Hindu gehört es auch, an heilige Stätten zu pilgern. Häufig sind das Orte an Flüssen, am Meer oder auf einem Berg, an denen Götter geboren wurden oder nach dem Glauben der Hindu wohnen.

Rituale für Leben und Tod

Wie in jeder anderen Religion wird auch im Hinduismus das Leben eines Einzelnen von Ritualen begleitet: Das beginnt bereits vor der Geburt. Im dritten Monat der Schwangerschaft werden die Götter mit Kräutern darum gebeten, dass das ungeborene Kind ein Sohn wird. Dazu werden sie eingeladen, sich auf den Blättern niederzulassen, deren Aroma die werdende Mutter dann inhaliert. Im vierten Monat soll das Simanta-Ritual, das im Kreis der Familie vollzogen wird, die Schwangere vor bösen Geistern und Kräften schützen: Dazu zieht ihr der Ehemann einen Haarscheitel mit der Borste eines Stachelschweins, drei Dharba-Grashalmen und drei Früchten eines Feigenbaumes. Zum Geburtsritual gehört es, zum Zeitpunkt des Austritts des Kopfes aus dem Mutterleib sofort ein Horoskop zu erstellen. Spätestens sechs Monate später wird mithilfe dieses Horoskops ein Name für das Kind ausgesucht. Ist der Nachwuchs ein halbes Jahr alt, bekommt er das erste Mal feste Nahrung. Außerdem werden verschiedene Dinge wie ein Stift, Schmuck, ein Buch, ein Ball oder ein Lehmklumpen um das Kind herum ausgelegt. Wonach es als Erstes greift, das wird Einfluss auf sein Leben haben.

Mit drei, fünf oder sieben Jahren wird einem Sohn das erste Mal das Haar geschnitten. Dabei bekommen die kleinen Jungen eine Tonsur, eine runde, kahle Stelle auf dem Kopf, die seine geistigen Fähigkeiten fördern soll. In diesem Alter soll ein Kind mit dem Lernen und Schreiben beginnen: Das Zeichen des Om-Mantra macht dabei den Anfang.

Wie in vielen anderen Kulturen auch ist die Hochzeit ein besonderer Höhepunkt des Lebens. Bevor ein Paar zusammengeführt wird, prüft ein Astrologe, ob die Konstellationen der Horoskope von Braut und Bräutigam zueinander passen. Die Familie der Braut bereitet für den großen Tag ein festliches Essen vor, der künftige Gatte kommt im Festtagsgewand und mit Girlanden geschmückt in Begleitung von Musikanten und männlichen Verwandten und Freunden, die Lichter tragen, zum Elternhaus der Braut. Der Vater der zukünftigen Ehefrau verbindet die Hände des Paares, indem er sie übereinanderlegt. Danach werden Geschenke ausgetauscht und gespeist, wobei Männer und Frauen getrennt sitzen. Die eigentliche Hochzeitszeremonie wird erst abends von einem Priester vorgenommen: Die Familien sitzen mit dem Brautpaar und dem Brahmanen um ein Opferfeuer, an dem verschiedene Symbole, Früchte, Gewürze, Reis und Farbpulver nach genauen Vorschriften angeordnet sind. Die Hochzeitsgesellschaft muss dieses rituelle Feuer siebenmal umschreiten, der Priester spricht danach die rituellen Trauungsformeln und schließlich muss der Bräutigam mit seiner Frau sieben Schritte auf Reis laufen. Danach sind die beiden ein Ehepaar.

Der letzte Ritus, der an einem Menschen vollzogen wird, ist die Bestattung nach seinem Tod: Der Leichnam eines Hindu wird in einer feierlichen Zeremo-

VERTREIBUNG DER GEISTER
Jede hinduistische Zeremonie beginnt mit der Vertreibung der bösen Geister: Dazu werden bestimmte Mantras, Silben oder Sprüche, aufgesagt. Erst danach darf der eigentliche Ritus vollzogen werden.

nie verbrannt. Wie in anderen Religionen auch, wird die Leiche zuvor gewaschen, gesalbt und schließlich in ein Tuch gehüllt. Danach wird sie auf eine Bahre gebunden und zum Ort der Verbrennung gebracht. Der älteste Sohn führt den Trauerzug an. Der Leichnam wird auf den Scheiterhaufen gelegt und mit besonderen Ölen und Rosenwasser besprüht. Die engsten Familienmitglieder umkreisen die Feuerstätte fünfmal, danach entzündet wiederum der älteste Sohn den Leichnam. Die Männer stehen dabei am Kopf- und Frauen am Fußende. Nach einiger Zeit wird der Schädel des Toten mit einem Bambusstab zertrümmert, damit die Seele entweichen kann. Die Asche und die Knochen werden am Ende in einen Fluss gestreut – wenn möglich in den heiligen Fluss Ganges. An den zehn folgenden Tagen wird der Seele des oder der Verstorbenen Essen und Wasser geopfert und schließlich eine Krähe, die als vorübergehender Sitz der Seele gilt, mit Reis gefüttert.

DEM GEBORENEN IST DER TOD GEWISS, DEM TOTEN IST DIE GEBURT GEWISS.
Bhagavad Gita

So feiern die Hindu

Wenn Hindu ihre religiösen Feste feiern, geht es meist sehr ausgelassen zu, zu einigen Anlässen wird allerdings auch gefastet. Feiertage, die sich nach dem Mondkalender richten und deshalb kein festes Monatsdatum haben, gibt es in großer Zahl, was bei der Göttervielfalt nicht verwunderlich ist. Jede Region hat Besonderheiten, die wichtigsten Feiertage aber werden überall begangen.

Vasanta Pancami im Frühling ist ein Fest zu Ehren Sarasvatis, der Göttin der Gelehrsamkeit. Im Februar/März ist „Shivas Nacht", ein Fastentag, an dem die Nacht über gewacht wird. Besonders bunt und fröhlich feiern die Hindu Holi, das Fest der Farben und des Frühlings. Dieser Tag ist Vishnu gewidmet. Die Menschen tanzen auf den Straßen und zünden Freudenfeuer an. Sie bemalen sich gegenseitig mit rotem, gelbem und orangefarbenem Pulver oder bewerfen sich mit Farbkügelchen. Die Farben stehen für Fruchtbarkeit. Zum Geburtstag Ramas im März oder April werden tagelang Geschichten aus der Heiligen Schrift Ramayana gelesen und als Theaterstücke aufgeführt. Am Tag der Schlangen haben die vielen Schlangenbeschwörer Indiens ihren großen Auftritt: Dieser Tag im Juli/August

ist Ananta, der kosmischen Schlange, auf der Vishnu ruht, gewidmet. Am nächstfolgenden Vollmondtag werden die Dämonen gefesselt: Mädchen binden ihren Brüdern ein Amulett um den Arm, das sie vor dem Bösen schützen soll. Sie bekommen im Gegenzug Geschenke. Der Lieblings-Kindergott der Hindu, Ganesha, wird im August/September in ganz Indien gefeiert: Überall werden für ihn Schreine aufgebaut und kleine Tonstatuen mit seiner Gestalt aufgestellt. Die werden später in einer feierlichen Zeremonie in einem Fluss oder See versenkt.

Das größte und beliebteste Fest neben dem Holi-Tag ist Divali, das Lichterfest am Tag des Neumondes im Oktober/November. Das ist der indische Neujahrstag, an dem die Hindu fünf Tage lang Vishnu und Lakshmi besonders verehren. Sie feiern die Rückkehr Ramas aus dem Wald, in den der böse Dämon seine Frau entführt und sie dort festgehalten hatte, und damit den Sieg des Guten über das Böse. Dass es ein Freudenfest ist, sieht man daran, dass alles bunt geschmückt ist: An den Häusern und in den Straßen hängen Lampions, brennen Öllampen und werden prächtige Feuerwerke gezündet. Die Männer lassen sich farbige Symbole auf die Stirn malen und für die Kinder gibt es jede Menge zu naschen.

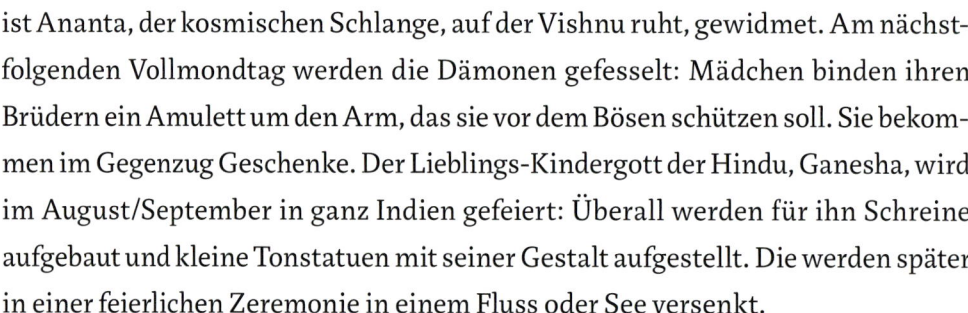

WIE KÖNNTE ES FÜR EINEN, DER KEINEN FRIEDEN HAT, FREUDE GEBEN?
Bhagavad Gita

Vom Hinduismus lernen

Viele Menschen auch jenseits des indischen Subkontinents fühlen sich angezogen von der Philosophie und den Geheimnissen des Hinduismus. Einer der größten hinduistischen Tempel Europas steht in Deutschland, genauer: in Hamm in Nordrhein-Westfalen. Zigtausende Gläubige aus aller Herren Länder treffen sich dort jedes Jahr im Mai, um zwei Wochen lang ihre Götter zu verehren, gemeinsam zu beten und religiöse Rituale zu vollziehen. Statt eines Bades im heiligen Fluss Ganges tauchen die Gläubigen symbolisch in das Wasser des Datteln-Hamm-Kanals, der dort entlangfließt.

Riten, Weisheiten und vor allem Lebens- und Gesundheitsregeln aus dem Hinduismus sind aber auch längst in unseren Alltag eingeflossen, ohne dass es dabei um Religion oder Glauben geht. Das fängt schon im Kindergarten an: Wenn die Schützlinge dort angehalten werden, Mandalas zu zeichnen, um zur Ruhe zu kommen oder sich zu konzentrieren, malen sie Formen aus, die dem Hinduismus entstammen. Mandala heißt „Kreis" oder „Ring". Ursprünglich waren es mystische runde Diagramme, in denen Quadrate und Kreise angeordnet und miteinander verbunden waren. Sie sind Symbol für den gesamten Kosmos und die Götterwelt und dienten der Meditation.

Yoga, wie es bei uns in Sport- oder Fitnesseinrichtungen und speziellen Schulen angeboten wird oder es manche Menschen zu Hause als Gymnastik betreiben, geht auf das Yoga der Hindu zurück: Dort dienen die Atemtechniken und Körperhaltungen dem Weg zu sich selbst und der spirituellen Loslösung von allem Sein.

Ayurveda, bei uns heute ein beliebtes Wellnessangebot, ist eine 4000 Jahre alte indische Heilmethode. Das Wort heißt übersetzt „Wissen um ein langes Leben". Das Ayurveda ist Teil der uralten heiligen Schriften, der Veden. Nach seiner Lehre spiegelt der menschliche Organismus die Ordnung des Universums wider, das aus den fünf Elementen Feuer, Wasser, Luft, Erde und Äther besteht. Als medizinische Heilkunde ist Ayurveda bei uns nicht unumstritten, einzelne Anwendungen tun Geist und Körper aber durchaus gut.

Das Wichtigste, womit diese Religion immer wieder beeindruckt, ist ihre große Toleranz und Offenheit: Es gibt Hindu, die neben anderen Göttern auch den christlichen Gottessohn Jesus anbeten. Dies gilt weder als Gotteslästerung noch als Frevel am eigenen Glauben. Ein Schlüsselsatz der hinduistischen Philosophie steht bereits in den Veden: „Wahrheit ist Eines, die Gelehrten benennen es verschieden." Oder wie der Heilige Ramakrishna im 19. Jahrhundert sagte: „Jede Religion hat ihre Irrtümer, jeder denkt, dass nur seine Uhr richtig geht. Es genügt aber, eine heiße Liebe zu Gott zu haben. Wisst ihr denn nicht, dass Gott – oder das Göttliche – unser innerer Führer ist?"

Buddhismus

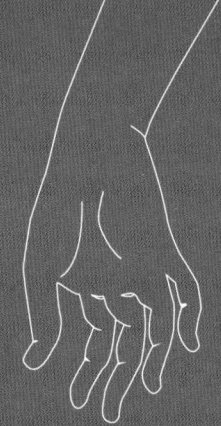

BUDDHISMUS

Nicht nur in Tempeln sind sie zu finden, sondern auch in Wohnungen von Menschen ohne Glauben: kleine oder große Statuen eines Mannes, der unendlichen Frieden und grenzenlose Güte ausstrahlt. Entweder hat die Figur einen gemütlich runden Bauch oder ist hager und asketisch. Die Beine sind zum Lotossitz übereinandergeschlagen. Die Hände ruhen im Schoß. Manchmal stehen Räucherstäbchen davor. Diese Figuren stellen Buddha dar. Die aus seiner Lehre entstandene Religion gilt als die friedlichste der Welt. Geboren als reicher hinduistischer Prinz entdeckte Buddha nach seiner Erleuchtung nicht nur einen Weg zur Erlösung aus dem ewigen Kreislauf der Wiedergeburten, sondern auch zur wahren Zufriedenheit im Leben: Der Mensch muss sich befreien von allen irdischen Wünschen und Dingen, von der Begierde nach ewiger Jugend und Gesundheit, der Gier nach Geld, Macht und Lust.

Buddha lebte und lehrte vor 2500 Jahren im heutigen Nepal. Er war kein Gott, auch wenn ihn viele seiner Anhänger als solchen verehren. Gegen Götter hatte er nichts. Deshalb sind Buddhisten tolerant gegenüber Andersgläubigen, die sie bereitwillig einladen, ihren Riten zu folgen. Zu diesen Riten gehören Yoga und Meditation, mit denen sich jeder Mensch von Leid befreien und zur Erleuchtung gelangen kann.

Wie im Hinduismus ist im Buddhismus Gewaltlosigkeit das oberste Gebot. Das im Hinduismus verbreitete Kastenwesen lehnte Buddha aber ab: Für ihn waren alle Menschen gleich. Von seiner nepalesischen Heimat aus verbreitete sich seine Lehre erst in Indien, dann in Mittel- und Südostasien. Heute gibt es weltweit rund 350 Millionen Buddhisten.

Das Leben des Buddha

Was war denn das? Maya setzte sich verstört in ihrem Bett auf. Sie fühlte sich an diesem Morgen glücklich wie nie zuvor, zugleich aber ebenso verwirrt: Hatte sie das, was ihr soeben widerfahren war, nur geträumt – oder wirklich erlebt? Rasch erhob sich die Frau des Fürsten Suddhodana und eilte im Palast von Kapilavastu ins Schlafgemach ihres Gatten. Sie musste ihm sofort von ihrem nächtlichen Abenteuer erzählen! Der König von Shakya, einem kleinen Königreich im heutigen Nepal, hörte sich erstaunt ihren aufgeregten Bericht an: Ihr war, als hätte sie eine Wolke zu einem prachtvollen Haus im Himmel getragen. Dort wurde Maya von einer Lichtgestalt erwartet, die aussah wie ein wunderschöner weißer Elefant. Ohne ihr dabei den geringsten Schmerz zuzufügen, drang er in ihre Hüfte ein. Danach war sie in ihrem Bett aufgewacht.

Der König konnte sich ebenso wenig wie sie selbst erklären, was das alles zu bedeuten hatte. So ließ er nach den gelehrten Männern an seinem Hof rufen. Er bat sie, den vermeintlichen Traum auszulegen. Aufmerksam lauschten sie Maya. Als die Frau des Königs zu Ende gesprochen hatte, ging ein Strahlen über die Gesichter der Weisen. Sie verbeugten sich ehrfürchtig vor dem Fürstenpaar und verkünde-

SIDDHARTA GAUTAMA
Der Fürstensohn, der historische Buddha, wurde vermutlich um das Jahr 500 v. Chr. in Kapilavastu, dem heutigen Tilaufrakot in Nepal, geboren. Ältere Quellen geben das Jahr 563 an, andere sprechen allgemein vom 6. Jahrhundert.

ten: „Die Königin wird einen Sohn bekommen, dem eine ganz besondere Zukunft bevorsteht." Er werde nicht nur zu einem außergewöhnlichen Prinzen heranwachsen, sondern auch Ruhm und Ehre über das Königreich und das Herrschergeschlecht derer von Shakya bringen. Mehr noch: Sein Leben werde der ganzen Menschheit zum Segen gereichen.

Der Fürst war überglücklich: So lange schon hatte sich Suddhodana einen männlichen Nachkommen gewünscht. Schließlich brauchte er einen Thronfolger. Und wenn der Prinz, den Maya in dieser Nacht empfangen hatte, den Menschen Gutes bringen würde, ließe das auch Macht und Ansehen seines Reiches wachsen.

Die Geburt Siddharta Gautamas

Das Kind in Mayas Leib wuchs heran. Als die Zeit der Niederkunft nahte, machte sich die werdende Mutter mit großem Gefolge in ihr Elternhaus auf. Das war damals in den Fürstenfamilien ihres Landes so üblich. Mayas Vater war der König eines benachbarten Reiches. Die Reisegesellschaft kam allerdings nicht weit: 25 Kilometer östlich der Shakya-Hauptstadt Kapilavastu bat Maya im Hain von Lumbini um eine Rast. Sie fühlte, dass die Geburt unmittelbar bevorstand. In den prächtigen Gärten Lumbinis suchte sie sich einen ruhigen Ort, an dem sie ihr Kind ungestört zur Welt bringen konnte. Als sie sich dort niederlassen wollte, beugte sich der Ast eines Teakbaumes zu ihr hinab. Sie griff nach ihm und hielt sich fest. Und schon sprang das Kind aus ihrer Hüfte, direkt in ein Bett aus Lotosblüten. Es war ein wunderschöner Knabe! Der Junge richtete sich sogleich auf. Er stellte sich auf die Füße und ging sieben Schritte in jede Himmelsrichtung. Dann begann er zu sprechen und verkündete, er werde zur Erlösung finden. An seinem fünften Lebenstag bekam das Kind den Namen Siddharta Gautama. Siddharta heißt: „Der das Ziel erreicht hat." Gautama geht auf einen Brahmanen, einen hinduistischen Priester, zurück, der der engste Vertraute und Berater des Shakya-Königs war.

Eine Woche nach Siddhartas Geburt starb seine Mutter und der kleine Prinz wurde seiner Tante Mahaprajapati anvertraut. Sie war Mayas Schwester und Suddhodanas Nebenfrau. Mahaprajapati zog das Königskind groß. Viele Menschen eilten in den Palast, um den Jungen zu sehen und dem Herrscher ihre Glückwünsche für den Thronfolger zu überbringen. Unter ihnen war auch ein

JUNGFRAUENGEBURT
Die Geschichte von Siddhartas Zeugung und Geburt ähnelt der von Jesus: Nach dem Neuen Testament überbrachte ein Engel der Jungfrau Maria die Botschaft, dass sie den Sohn Gottes gebären werde. Auch Jesus kam auf einer Reise zur Welt: in Bethlehem, wohin Maria ihren Mann Josef wegen einer Volkszählung begleitete.

alter, weiser Mann namens Asita. Er lebte als Asket zurückgezogen in einem abgeschiedenen Wald und begab sich selten unter Menschen. Viele verehrten ihn als Heiligen. Der König fühlte sich sehr geehrt, dass der Alte eigens wegen seines Sohnes den Wald verlassen hatte, und zeigte ihm voller Stolz den kleinen Prinzen. Asita blickte das Kind mit freudiger Bewunderung an. Dann führte er die Prophezeiung der drei Weisen, die der König nach Mayas wundersamer Nacht befragt hatte, weiter aus: Siddharta stünden in seinem Leben zwei Wege offen. Entweder werde er Herr sein über ein riesiges Reich und seinen Untertanen Glück und Frieden bringen. Oder er würde das Leid auf der Welt erkennen und nach einem Weg zur Erlösung suchen. Jeder, der bereit sei, ihm auf diesem Pfad zu folgen, könne sich vom irdischen Leiden befreien und sofort ins Nirwana eingehen.

Kindheit und Jugend

Nach der Prophezeiung Asitas beschloss Siddhartas Vater, alles zu tun, um seinem Sohn ein schönes Leben zu bereiten. Er sollte möglichst nichts erfahren von dem Leid, das Menschen im Leben zustoßen kann. Wurde irgendjemand im Palast krank, versuchte man, dies vor dem Prinzen zu verbergen. Hofstaat und Gesinde wurden dann an einen anderen Ort gebracht. Schließlich wollte Suddhodana mit allen Mitteln verhindern, dass sein Kind, wie von Asita vorhergesagt, wegen der Leiden der Menschen den Palast eines Tages verlassen würde. Dem König war die Aussicht, dass Siddharta zu einem mächtigen Herrscher über sein Land heranwachsen sollte, genug der Ehre.

Der Junge war von Anfang an umgeben von Reichtum und Luxus: Jeder Wunsch wurde ihm erfüllt. Der König holte die besten Lehrer an seinen Hof, die seinen Sohn unterrichteten. Siddharta lernte auf den stolzesten Pferden zu

reiten und das Schwert geschickt zu führen. Aus ihm sollte ein guter Kämpfer werden. Die Herrscherfamilie der Shakya waren Hindu und gehörten dem Stand der Kshatriyas an. Das waren die Fürsten, Krieger und hohen Beamten. Nach dem hinduistischen Glauben muss jeder Mensch die besonderen Pflichten seiner jeweiligen Kaste erfüllen. Ein Krieger musste also gut kämpfen können. Deshalb wurde Siddharta im Kriegshandwerk bestens ausgebildet. Bald aber konnten ihm seine Lehrer nichts mehr beibringen. Der Königssohn war von rascher Auffassungsgabe und scharfem Verstand und wusste bald mehr als sie. Zugleich war er schon als kleiner Junge oft ernst und in sich gekehrt. Häufig fand man ihn zurückgezogen vom betriebsamen Leben bei Hof an einem Ort, wo er ungestört war, irgendwo in den Gärten des Palastes. Dort hing er seinen Gedanken nach.

Unterm Rosenapfelbaum

Eines Tages, es war der „Tag des Pflügens", geschah dem Prinzen etwas Seltsames. Es war Tradition, dass an diesem Tag der Fürst höchstselbst die erste Ackerfurche zog und damit die Erde für das Wachstum der neuen Früchte öffnete. Um dieser festlichen Zeremonie zuzusehen, hatte sich Siddharta einen Platz im Schatten eines Rosenapfelbaums gesucht. Dort saß er nun allein. Von Ferne hörte er den rituellen Gesängen der Brahmanen zu. Sie baten die Götter um eine gute Ernte. Dann beobachtete er das Anpflügen durch seinen Vater: Ein edles Pferd zog den wertvollen Pflug des Königs. Danach nahmen die Bauern ihre Arbeit auf. Sie führten gewöhnliche Wasserbüffel, und das Ackergerät manches Bauern war alt und schartig. Für sie war es beschwerlich, den Boden zu bearbeiten. Einer der Männer war fast schon ein Greis, und man sah ihm an, wie schwer ihm die Arbeit fiel. In Strömen rann ihm der Schweiß von der Stirn. Seine armseligen Kleider klebten an seinem Leib. Ein anderer hieb heftig mit der Peitsche auf sein

ANPFLÜGEN
Beim Ritual des Anpflügens ging mithilfe der Brahmanen der Segen der Erdgöttin, des Sonnengottes und der Mondgöttin auf den Pflug des Königs über, der ihn in den Ackerboden brachte. Das sollte diesen vor Sturm und Hagel schützen.

ausgezehrtes Zugtier ein. Siddharta war, als spüre er die Hiebe auf dem eigenen Rücken. Und noch etwas fiel ihm auf: Die Pflugscharen teilten nicht nur die Erde in Schollen, sondern zerschnitten auch Kleingetier, das im Boden lebte. Vom Himmel stürzten sich Vögel auf Würmer und Insekten, um sie aufzupicken. Schließlich kam ein Raubvogel, schoss auf einen kleineren Vogel herab und packte ihn mit seinem scharfen Schnabel.

Siddharta konnte kaum hinsehen, so unglücklich war er darüber, dass ein Lebewesen einem anderen zum Opfer fiel. Er schloss die Augen und versenkte sich in sich selbst. Dabei wurde er langsam ruhig und seine Züge, die eben noch vom Mitleid für Mensch und Tier gezeichnet waren, entspannten sich. Sein Gesicht schien von innen heraus zu leuchten. Der junge Prinz strahlte Frieden aus.

Im goldenen Käfig

Als Suddhodana seinen Sohn in dieser Versenkung vorfand, war er sehr glücklich – bis Siddharta die Augen aufschlug und zum Vater sagte: „Ihnen, den Würmern und Vögeln, hat der Gesang der Brahmanen bei der Zeremonie nichts genutzt. Sie mussten leiden. Kann man denn nichts dagegen tun?" Suddhodana erschrak. Sofort schossen ihm die Worte des heiligen Asita durch den Kopf. Und er beschloss, dass sein Sohn im Palast noch mehr als bisher von allen Sorgen und Nöten abgeschirmt werden musste. Niemals durfte der Junge dem Leid begegnen, dem Menschen ausgesetzt sind: Armut, Krankheit und Tod. Nach dem Erlebnis unter dem Rosenapfelbaum versank der junge Prinz immer häufiger und tiefer in schwermütigen Gedanken. Keine Ablenkung, kein kostbares Geschenk, weder der Tanz schöner Frauen und ihr Gesang noch köstliche Speisen oder Getränke konnten ihn dann aufmuntern. Die Berater des Königs empfahlen dem Herrscher, Siddharta eine Gefährtin zu suchen. Dann würde der Prinz schon zur Lebensfreude finden. Und so wurde dem 16-jährigen Thronfolger Yasodhara zugeführt. Sie war eine junge schöne Fürstentochter und Siddhartas Cousine. Die beiden wurden ein Ehepaar. Der König ließ ihnen für jede Jahreszeit einen eigenen Palast bauen. Sie sollten stets im Überfluss haben, was das Leben angenehm macht: Blumen, Früchte, Tiere, Zerstreuung. Suddhodana wollte dafür sorgen, dass in seinem Sohn die Sehnsucht nach der Welt jenseits der Palastmauern erst gar nicht aufkam.

Der Prinz und Yasodhara liebten einander sehr. Auf ein eigenes Kind mussten sie allerdings 13 Jahre warten. Siddharta war bereits 29, als sein Sohn Rahula geboren wurde. Doch bei aller Freude über sein Glück mit Frau und Kind kamen Herz und Seele in ihm nicht zur Ruhe. Er fühlte sich wie eingesperrt in einem goldenen Käfig. Und immer heftiger brannte in ihm der Wunsch, die Welt außerhalb des Palastes zu sehen und kennenzulernen.

Die vier Ausfahrten

Siddharta musste lange betteln und bitten, bis sein Vater ihm zugestand, sich in der Stadt und seinem Reich umzusehen. Doch da es für den künftigen Herrscher wichtig war zu wissen, wie sein Volk lebte, bereitete der König schließlich eine Ausfahrt für ihn vor. Er ließ die Stadt mit Blumen und Girlanden schmücken und sandte seine Diener aus, um dafür zu sorgen, dass die Armen, Alten und Kranken in ihren Häusern blieben. Dann beauftragte er den Wagenlenker Channa, seinen Sohn zu fahren. Er schärfte ihm ein, darauf zu achten, dass Siddharta nur Angenehmes zu sehen bekam.

Voller Spannung stieg der Prinz in Channas Wagen ein. Und tatsächlich heiterte sich sein Gemüt beim Anblick der schönen Stadt auf. Die Bewohner Kapilavastus säumten die Straßen. Sie wollten den künftigen Herrscher sehen und winkten ihm begeistert zu. Doch plötzlich entdeckte der Prinz zwischen all den fröhlichen Menschen eine Person, die sich mühsam auf einen Stock stützte. Das Gesicht des Mannes war von tiefen Falten zerfurcht. Siddharta erschrak. Voller Mitleid machte er Channa auf den Mann aufmerksam und fragte: „Was ist mit ihm?" Der Wagenlenker wunderte sich über die Frage und erklärte seinem jungen Herrn: „Der Mann ist einfach alt. Das werden wir eines Tages alle!" Siddharta war erschüttert und wollte wissen: „Wird das auch mir so gehen?" „Ja, mein Prinz! Jeder Mensch altert, auch Ihr und Yasodhara. Selbst Euer Sohn Rahula wird dem nicht entgehen. Altern gehört zum Leben."

Das war neu für den Königssohn. Es schmerzte ihn, diese Last des Alterns zu sehen. Tief bekümmert kehrte Siddharta zurück. Er war trauriger als je zuvor.

Und doch war seine Neugier geweckt: Jetzt wollte er umso dringlicher mehr vom Leben außerhalb des Palastes sehen.

Bei einer zweiten Ausfahrt lenkte Channa den Wagen in einen noch schöneren Teil von Kapilavastu – und wieder jubelten die Leute dem königlichen Gespann zu. Doch dieses Mal erblickte Siddharta inmitten der Menge einen Menschen, dessen Gesicht weiß war wie eine Wand. Der Schweiß stand ihm auf der Stirn und er zitterte am ganzen Leib. Wieder ließ Siddharta Channa anhalten und fragte: „Was ist mit dem Mann?" Channa zuckte mit den Schultern und sagte: „Nun, der ist offensichtlich krank und hat Schmerzen." Siddharta fragte bestürzt: „Und was ist mit all den fröhlichen Menschen, die hier überall stehen?" Der Diener antwortete, jeden Menschen könnten Krankheit und Schmerz befallen. Davor sei niemand gefeit. Beim Prinzen löste diese Auskunft das Gefühl großer Hilflosigkeit und Verzweiflung aus. Warum nur mussten Menschen so leiden?

Bei ihrer dritten Ausfahrt begegneten der Prinz und der Wagenlenker einem Trauerzug: Auf einer Bahre lag reglos ein Mann, dessen Körper in Tücher gehüllt war. Sein Gesicht war blass und wie versteinert. Auf der Brust des Mannes lagen Blumen. Vier Männer trugen die Bahre die Straße entlang. Dahinter schritten Menschen, die sehr bekümmert aussahen. Einige von ihnen weinten. Fragend sah Siddharta Channa an. Der erklärte ihm: „Der Mann ist tot. Seine Angehörigen bringen ihn hinunter zum Fluss. Dort werden sie seinen Leichnam verbrennen und die Asche ins Wasser streuen. Jeder Mensch geht am Ende diesen Weg. Irgendwann müssen wir alle sterben."

Zum ersten Mal hatte der Prinz einen Toten gesehen. Damit war er der Vergänglichkeit des Lebens begegnet. Seine Verzweiflung wurde immer größer. Was er bei diesen drei Ausfahrten gesehen hatte, hieß doch: „Alles Leben ist Leiden!" Wie konnte man nur einen einzigen Tag lang sorglos sein, wenn man wusste, am Ende wartet der Tod auf jeden? Nach der hinduistischen Lehre ist das Leiden mit dem Tod noch lange nicht vorbei. Nach dieser Lehre, dem die Menschen in Siddhartas Familie und sein Volk anhingen, folgt dem Sterben ein neues Leben. Die Seele eines jeden Wesens kehrt wiedergeboren in anderer Gestalt auf die Erde zurück. Jetzt verstand der Prinz, was das hieß: Das Leiden beginnt immer wieder von Neuem und der Kreislauf der Wiedergeburten ist ein Kreislauf dieses Leidens. Gab es denn keine Möglichkeit, dem zu entrinnen?

Von nun an ließ ihn der Gedanke nach einem Ausweg nicht mehr los. Noch ein viertes und letztes Mal ließ sich Siddharta von Channa bei einer Ausfahrt

DREI HIMMELSBOTEN
Die kranke und die alte Person sowie der Tote, denen Siddharta bei seinen Ausfahrten begegnet war, nannte er später nach seiner Erleuchtung „die drei Himmelsboten": Sie hätten ihn zur Wahrheit des Leidens erweckt, das allem Leben zugrunde liege.

begleiten. Sie veränderte sein ganzes Dasein. Die beiden sahen am Straßenrand einen abgemagerten, ausgezehrten Mann, der nur einen Fetzen Stoff um seine Lenden trug. Mit einer Hand stützte er sich beim Gehen auf einen Stab, in der anderen trug er eine Bettelschale. Doch obwohl er so armselig daherkam, strahlte er tiefe innere Ruhe und Zufriedenheit aus. Es war ein Sadhu, ein Wandermönch, wie es viele in Siddhartas Heimat und in Indien gab und heute noch gibt. Was diese Asketen zum Leben brauchen, erbitten sie von ihren Mitmenschen. Ihnen genügen eine Schale voll Reis, um nicht zu verhungern, und ein Stück Stoff, um ihre Blöße zu bedecken. Sie haben sich befreit von allen irdischen Wünschen und damit auch von jeder Sorge des Alltags. Der Anblick des Sadhu traf Siddharta wie ein Blitz: Das musste der Weg sein, um sich vom Leiden zu befreien! Und er fasste einen Beschluss: Auf genau diesen Pfad würde auch er sich begeben!

Der Weg zur Erkenntnis

Zurück im Palast teilte Siddharta seinem Vater mit, dass er nicht länger bleiben könne. Er müsse sich auf den Weg zur Erkenntnis machen und sich dazu von allem lossagen: vom Luxus und Wohlleben bei Hof, ja, sogar von seiner Familie. Er wolle sich auf Wanderschaft in die Welt begeben, um die Wahrheit über den Sinn des Lebens und das Ende des Leidens herauszufinden.

Der König war fassungslos: Hatte er denn nicht alles getan, um genau das zu verhindern? Erst beschwor er seinen Sohn zu bleiben. Er würde ihm auch jeden Wunsch erfüllen. Dann appellierte er an Siddhartas Pflichtgefühl: Als Königssohn sei es seine Aufgabe, eines Tages die Verantwortung für sein Land und sein Volk zu übernehmen. Doch Siddharta ließ sich nicht umstimmen. Deshalb befahl Suddhodana, den Palast und die Ausgänge der königlichen Gärten strengstens zu überwachen, damit der Prinz sich nicht heimlich davonstehlen konnte. Genau das aber tat sein Sohn. Eines Nachts sah er ein letztes Mal auf seine schlafende Frau und seinen Sohn. Wie gern hätte er Rahula noch einmal auf den Arm genommen und liebkost! Doch er widerstand der Versuchung. Auch der, seiner geliebten Yasodhara einen Abschiedskuss zu geben. Das Risiko, seine Frau damit aufzuwecken, war einfach zu groß. Dann schlich sich Siddharta aus seinen Gemächern. Er weckte Channa auf und bat ihn, ihm ein Pferd zu satteln und bei einem nächtlichen

GURUS UND SADHUS
Alle heranwachsenden Hindu begeben sich eine Zeitlang in die Obhut eines Gurus, eines Gelehrten, der sie in die Weisheiten, Riten und Pflichten ihrer Religion einweist. Manche sagen sich dann ganz vom weltlichen Leben los und gehen als Asketen in den Wald oder leben als Sadhus und Bettelmönche.

Ausritt zu begleiten. Die Wachen schliefen tief und fest und die beiden fanden einen Weg, den Palast unbemerkt zu verlassen.

Im Morgengrauen erreichten die beiden Reiter den Grenzfluss von Shakya. Dort hielt Siddharta an und stieg vom Pferd. Er legte sein Geschmeide ab und schenkte es Channa. Dann befahl er seinem Diener, allein in den Palast zurückzukehren. Er trug ihm auf, dem Vater auszurichten, dass sein Sohn nicht im Groll gegangen sei. Aber er habe keine andere Wahl: Dieser Weg sei für ihn vorherbestimmt und er müsse ihn gehen. Dann verabschiedete sich Siddharta Gautama von seinem treuen Begleiter und ging allein und zu Fuß in den Wald.

Dort begegnete der Prinz einem Jäger, der in ein gelbes Tuch gewandet war. Siddharta legte seine Kleider ab und bat den Mann um die seinen. Siddharta wickelte sich das Stück Stoff um die Hüften, wie er es bei dem Sadhu gesehen hatte. Dann nahm er sein Messer und schnitt sich die langen, schwarzen Haare ab – und damit das Zeichen seiner königlichen Würde. Gautama, wie er sich jetzt nur noch nannte, machte sich auf die Suche nach einem geistigen Lehrer.

Als besondere Meister der Meditation, des Sich-Frei-Machens von den Dingen des Lebens, galten zu Gautamas Zeit die hinduistischen Brahmanen-Priester Arada Kalama und Udraka Ramaputra. Sie lehrten, wie man einen Zustand erreicht, in dem man weder etwas wahrnimmt noch etwas nicht wahrnimmt, also jegliches Empfinden bei wachem Bewusstsein hinter sich lassen kann. Zu ihnen begab sich nun der einstige Prinz als Schüler und ließ sich in die verschiedenen Stufen der Meditation einweisen. Und je mehr er sich jetzt in sich selbst versenkte, umso freier kam er sich vor. Es war, als seien er und seine Seele im Zustand des größten Glücks. Doch jedes Mal, wenn er wieder aufwachte und in die Welt der Wahrnehmungen, Gefühle und Gedanken zurückkehrte, waren seine Unruhe und Trauer über das irdische Leiden umso heftiger. Er suchte Befreiung und den wahren Sinn des Lebens – und kam letztlich keinen Schritt voran.

Die Brahmanen mussten eingestehen, dass sie ihm auf seinem Weg nicht weiterhelfen konnten. Sie waren am Ende ihrer Weisheit und Fähigkeiten. Und Gautama hatte den Wissensstand seiner Meister längst erreicht. Sie spürten allerdings, dass es mit ihm etwas Besonderes auf sich hatte, und boten ihm an, künftig ihre Schulen zu leiten. Siddharta lehnte ab. Was sollte er denn Schüler lehren, solange er selbst nicht in den Zustand der Wahrheit gelangt war?

An der Schwelle zum Tod

Stattdessen schloss sich Gautama nun fünf Wanderasketen an. Diese Mönche glauben, dass nicht nur Besitz, sondern auch jegliches Handeln, jede bewusste Bewegung, jedes Empfinden und Begehren die Seele an den Körper kettet und dadurch im Kreislauf der Wiedergeburten festhält. Nur der Verzicht auf all dieses und absolute Bedürfnislosigkeit bis hin zum Hungertod können die Seele befreien und so auf ihrem Weg des Samsara, des ewigen Kreislaufs von Leben, Sterben und neuem Leben, weiterbringen. Gautama war mit sich besonders streng: Er setzte seinen Körper Hitze und Kälte aus. Er unterwarf sich Hunger und Durst. Wenn er sich irgendwo niederließ, verharrte er stunden-, ja tagelang bewegungslos in der immer gleichen Haltung. Er widerstand allen Ängsten, trotzte Wind und Wetter und ließ sich nicht schrecken von den Gefahren, die ihm durch wilde Tiere im Wald drohten. Er aß nur noch, was ihm die Natur an Samen und Beeren in den Schoß wehte. Sechs Jahre lang lebte er so. Wer ihn sah, bewunderte ihn wegen seiner Unerbittlichkeit gegen sich selbst, der absoluten Bedürfnislosigkeit und den Qualen, denen er sich aussetzte. Schließlich war der Körper des einst so schönen Königssohnes nur noch ein von Haut überspanntes Gerippe. Jeder Glanz war aus Gautamas Augen gewichen. Seine Begleiter verehrten ihn fast wie einen Gott und warteten mit Spannung auf den Moment, in dem ihr Gefährte die Wahrheit erkennen würde.

Eines Tages hielt Gautama es nicht mehr aus. Er schleppte sich zu einem Fluss, um sich zu waschen. Da sah er im Wasser sein Spiegelbild – und erschrak. Er erkannte, dass er, wenn er so weitermachte, nur noch kurze Zeit zu leben hätte. Das ließ ihn sehr nachdenklich werden: Was hatte er mit seiner Selbstkasteiung erreicht? Noch immer war er vom angestrebten Ziel so weit entfernt wie zuvor. Gautama überlegte: „Sechs Jahre lang habe ich jetzt auf alles verzichtet, ohne der

Wahrheit auch nur einen Schritt näherzukommen. Ich bin genauso unwissend wie ehedem, als ich als königlicher Prinz im Luxus lebte und alles hatte, was ein Mensch sich nur wünschen kann, ja, sogar vieles mehr. Das Gegenteil davon, der völlige Verzicht selbst auf das Nötigste, was ein Mensch zum Leben braucht, hat mich an die Schwelle des Todes getragen. Und ich bin noch immer genauso ratlos, wie der Mensch das Leiden im Leben beenden kann." Das aber hieß: Es war gleichermaßen sinnlos, sich so zu quälen, wie er das in den letzten Jahren getan hatte, wie ein Leben im anderen Extrem zu führen, ohne jede Entbehrung, im Überfluss, im goldenen Käfig des Königspalastes. Es musste noch etwas anderes geben! Und auf einmal wusste er, was das war: der Mittlere Weg zwischen all zu großen Freuden und all zu viel Schmerz. In diesem Moment erschien vor seinem geistigen Auge das Bild vom Rosenapfelbaum – er sah sich dort sitzen in der Versenkung am Tag des Pflügens. Damals waren tiefe Ruhe und Frieden in ihn eingekehrt, wie er es nie zuvor und seitdem nicht wieder empfunden hatte. Genau dieser Zustand war es, den er auf Dauer erreichen wollte. Und so machte sich Gautama auf die Suche nach einem Platz, der dem unterm Rosenapfelbaum ähnlich war.

Die Erleuchtung

Der Legende nach soll am Tag von Siddhartas Geburt im Wald von Uruvela in der Nähe des heutigen Bodh-Gaya in Nordindien eine Feige gekeimt haben. Daraus wurde ein riesiger Bodhi-Baum. Den suchte Gautama nun auf und bereitete sich unter dessen Krone ein Lager. Hier wollte er einen letzten Versuch unternehmen, zur Erleuchtung zu gelangen. Und diesmal wollte er dabei ganz für sich alleine sein.

Gautama setzte sich aufrecht auf die Erde, kreuzte die Beine, wie er das bei den Yoga-Übungen gelernt hatte, und legte die Hände in seinen Schoß. Er saß so, dass sein Gesicht nach Osten gewandt war, dorthin, wo die Sonne aufging. Dann schloss er die Augen und versenkte sich in sich selbst. Sieben Tage und Nächte schlief er nicht und ließ seinen Geist durch nichts ablenken. Dabei war er durch den Dämon Mara den ärgsten Versuchungen ausgesetzt. Maras Name steht im Hinduismus für alle bösen Kräfte, die den Menschen den inneren Frieden rauben, sei es durch Angst und Schrecken, sei es durch lustvolle Verlockungen. Zuerst entfachte Mara einen furchterregenden Sturm und schickte grelle Blitze auf

BODHI-BAUM
Der ursprüngliche Bodhi-Baum aus Gaya wurde im 7. Jahrhundert n. Chr. von einem bengalischen König zerstört. Dennoch steht dort heute wieder ein solcher Feigenbaum: Er soll aus dem Ableger einer gleichartigen Pflanze in Anuradhapura gewachsen sein, der wiederum von Gautamas Bodhi-Baum stammte.

den Bodhisattva herab, zu dem Gautama geworden war. Bodhisattva heißt so viel wie: der auf dem Weg des Erwachens ist. Doch Gautama ließ sich davon nicht beirren. Deshalb ließ Mara als Nächstes eine Horde wildester Schreckgestalten und böser Geister auf den Meditierenden los, die ihn mit Wutgeheul und Drohungen bedrängten. Aber auch davon ließ sich der Mann unterm Bodhi-Baum keine Angst einjagen. Ungerührt harrte er in seiner Meditationshaltung aus. Dann versuchte der Dämon, ihn mithilfe betörend schöner Frauen zu verführen. Sie tanzten aufreizend um ihn herum und versuchten so, seine Fleischeslust zu wecken. In Gautama tauchten Bilder seiner geliebten Frau im Palast auf, Erinnerungen an bezaubernde Musik, köstliche Speisen und Getränke. Auch sein Sohn erschien vor seinem inneren Auge. Doch er streifte all diese Visionen ab und verharrte weiter in seiner tiefen Versenkung. Schließlich zeigte sich Mara dem Meditierenden in seiner eigenen dämonischen Gestalt und versprach ihm Allmacht über die Erde, wenn er ihm nur folgte. Aber auch dieser Versuchung hielt Gautama stand. Nichts und niemand sollte ihn von seiner Suche nach dem Weg zum Erwachen abbringen. So harrte er vier Wochen unter dem Bodhi-Baum aus.

Gautama taten sich in dieser Zeit Himmel und Erde auf. Er sah die Bewegung der Planeten und berührte Mond und Sonne. Er fand sich wieder in seinen früheren Leben. Und er durchschaute den Kreislauf der Wiedergeburten, sah, wie die Wesen auf die Erde kommen, Gutes oder Schlechtes tun, sterben und nach dem Tod in einer glücklicheren Existenz oder in noch größerer Pein als zuvor ein immer wieder neues Dasein beginnen. Er erkannte, was der Auslöser war für die ständige Wiederkehr von Geburt, Krankheit, Alter und Tod. Gautama wurde erleuchtet, der Boddhisatva zum Buddha, dem Erwachten. Als er diesen Zustand erreicht hatte, tauchte Mara ein letztes Mal auf. Diesmal lockte er ihn mit der Aussicht, seine irdische Hülle sofort zu verlassen. Damit könne er für sich den Kreislauf der Wiedergeburten beenden und direkt ins Nirwana, den ewigen Frieden der Weltseele, eingehen. Die Menschen würden seine Erkenntnis sowieso nicht teilen können.

Gautama ließ sich auch davon nicht locken. Er hatte während seiner Erleuchtung die lebenden Wesen als Lotospflanzen in einem Teich gesehen: Die einen steckten unter Wasser im Schlamm, andere strebten zum Licht empor. Einige streckten bereits ihre Knospen der Sonne entgegen und standen kurz davor, zu erblühen. Buddha spürte eine große Liebe zu all diesen Wesen. Und beschloss, auf Erden

VERSUCHUNG UND OFFENBARUNG
So wie Buddha sich zurückzog, in sich ging und dabei Versuchungen ausgesetzt war, erging es auch Jesus: Er hielt sich nach seiner Taufe im Jordan 40 Tage in der Einsamkeit der Wüste auf und wurde mehrmals vom Teufel versucht, bevor er in die Welt zurückkehrte.

zu bleiben, um seine Erkenntnis und das Wissen über den Mittleren Weg an sie weiterzugeben. Daraufhin erhob er sich, verließ seinen Platz unterm Bodhi-Baum und kehrte zurück in die Welt, um das Rad seiner Lehre in Gang zu setzen.

Das Rad der Lehre

Nach seiner Erleuchtung suchte Buddha als Erstes nach seinen einstigen Gefährten, den fünf Wandermönchen, mit denen er sechs Jahre lang gelebt hatte. Er fand sie im Gazellenhain von Sarnath bei Benares. Doch sie wollten anfangs von ihm nichts mehr wissen: Sie verachteten ihn noch immer, weil er sich von der Askese abgewandt und von ihnen entfernt hatte. Aber dann sahen sie, welch inneren Frieden er ausstrahlte, und konnten sich dem nicht entziehen. Die fünf Asketen wurden seine ersten Jünger. Sie hörten aufmerksam zu, was er ihnen in seiner berühmten „Predigt von Benares" zu verkünden hatte. Buddha erzählte ihnen vom Mittleren Weg zwischen Gelüsten und Selbstkasteiung und teilte ihnen die Vier Edlen Wahrheiten mit, die sich ihm unterm Bodhi-Baum erschlossen hatten. Es sind die Antworten auf die vier Fragen: Was ist Leiden? Wie entsteht Leiden? Wie kann man das Leiden aufheben? Und welcher Weg führt zu seinem Ende?

Die Vier Edlen Wahrheiten

So lehrte Buddha die Mönche in der Predigt von Benares die Vier Edlen Wahrheiten. Die erste Edle Wahrheit vom Leiden ist:

Geburt ist Leiden. Alter ist Leiden. Krankheit ist Leiden. Tod ist Leiden. Mit Ungeliebtem vereint sein ist Leiden. Von Liebem getrennt zu sein ist Leiden. Nicht erlangen, was man begehrt und bestrebt, auch das ist Leiden.

Die zweite Edle Wahrheit von der Entstehung des Leidens ist:

Es ist der Durst, der zur Wiedergeburt führt, der von Wohlgefallen und Begierde begleitet da und dort Gefallen findet, der Durst nach sinnlichen Freuden, der Werdedurst, der Vernichtungsdurst.

Die dritte Edle Wahrheit von der Aufhebung des Leidens:

Es ist die restlose Ablehnung und Aufhebung dieses Durstes nach Wohlgefallen, Wohlleben und Glück, die zur Aufhebung des Leidens führt.

Die vierte Edle Wahrheit vom Weg, der zur Aufhebung des Leidens führt:

Es ist der Edle Achtfache Pfad, nämlich rechte Erkenntnis, rechtes Denken, rechtes Reden, rechtes Handeln, rechtes Leben, rechtes Streben, rechte Achtsamkeit und rechtes sich Versenken.

Nach dieser Predigt schlossen sich die fünf Mönche Buddha an, um seine Lehre von den Vier Edlen Wahrheiten und vom Achtfachen Pfad unter die Menschen zu tragen. Zum Symbol für Buddhas Heilslehre wurde ein Rad mit acht Speichen, die den Achtfachen Pfad symbolisieren.

Die Verbreitung der Lehre

Die nächsten 45 Jahre wanderte Buddha durch den Nordosten Indiens und scharte Anhänger um sich. Einige schlossen sich als Mönche in Gemeinschaften zusammen. Anfangs überzeugte er vor allem Angehörige seiner eigenen Kaste der Kshatriyas vom Achtfachen Pfad. Die Lehre des Erleuchteten stand aber allen offen, die ihr folgen wollten. Ihr Kern war und ist schließlich, dass jeder Mensch, der sich auf den Mittleren Weg begibt, durch die Vier Edlen Wahrheiten und den Achtfachen Pfad aus dem Kreislauf der Wiedergeburten ausbrechen kann. Damit ließ der Buddhismus die Schicksalsergebenheit des hinduistischen Glaubens, aus dem er hervorgegangen war, hinter sich, nach der sich jedes Wesen mühsam von Leben zu Leben „hocharbeiten" muss. Für Buddha waren alle Menschen gleich: das Kastenwesen lehnte er ab.

32 Jahre nach seinem Auszug aus dem elterlichen Palast kehrte Buddha noch einmal nach Kapilavastu zurück, um auch seine Familie auf den Mittleren Pfad zu führen. Seine Stiefmutter Mahaprajapati war besonders empfänglich dafür.

Der Achtfache Pfad

RECHTE ERKENNTNIS:
DER GLAUBE AN BUDDHAS LEHRE

RECHTES DENKEN:
EIN LEBEN OHNE STÄNDIGE WÜNSCHE, ALLEIN IN LIEBE ZU UND RÜCKSICHT AUF DIE MITMENSCHEN

RECHTES REDEN:
NICHT LÜGEN, NICHT SCHLECHT ÜBER ANDERE SPRECHEN UND KEINE ZWIETRACHT SÄEN

RECHTES HANDELN:
NICHT TÖTEN, NICHT STEHLEN, NICHTS NEHMEN, WAS EINEM EIN ANDERER NICHT FREIWILLIG GIBT

RECHTES LEBEN:
NICHTS TUN, WAS EINEM ANDEREN WESEN, AUCH EINEM TIER, LEID BRINGT, UND NIEMALS GEWALT AUSÜBEN!

RECHTES STREBEN

RECHTE ACHTSAMKEIT

RECHTES SICH VERSENKEN
SIND WEGE ZUR RICHTIGEN MEDITATION: NICHTS SCHLECHTES DENKEN, DEN GEIST AUF EINEN PUNKT KONZENTRIEREN UND SO IN EINEN ZUSTAND OHNE JEDE WAHRNEHMUNG ÜBERGEHEN

Nach vielen Gesprächen mit ihr kam Buddha zu der Erkenntnis, dass es nicht nur für Männer, sondern auch für Frauen Orden geben müsste. Danach wurden auch Gemeinschaften für Nonnen gegründet. Dies war zu Buddhas Zeit ein geradezu revolutionärer Schritt.

Buddhas Tod

Buddha starb im Alter von 80 Jahren – der Legende nach an einer Fleischvergiftung. Dass er trotz des Tötungsverbots seiner Lehre Fleisch verzehrt hat, widerspricht nicht den von ihm aufgestellten Regeln: Wird ein Tier nicht extra für ihn getötet, darf auch ein Buddhist Fleisch essen. Nach der Überlieferung bebte die Erde, als der Erleuchtete starb – ganz wie es auch vom Tod Jesu berichtet wird. Die letzten Worte des Erleuchteten waren angeblich: „Seht den Körper des Buddha, auch er muss, wie alles, das entstanden ist, wieder vergehen." Dann legte er sich auf die rechte Seite und versank in Meditation. Seine Jünger, die um ihn waren, erkannten nicht den Moment, in dem seine Versenkung überging in das Verwehen der Seele, die damit ins Nirwana einkehrte. Buddhas Leichnam wurde nach hinduistischer Sitte auf einem Scheiterhaufen verbrannt. Um seine Asche stritten sich acht Fürsten, weshalb ein Brahmane sie aufteilte. Schließlich trugen die Herrscher sie in ihre Reiche und setzten sie unter acht Hügelgräbern bei. Später soll ein Fürst seinen Anteil noch einmal an 84 000 verschiedenen Stellen verstreut haben. Über jedem dieser Orte wurde ein Stupa, ein runder Steinhügel, aufgerichtet.

Auf den Wegen, die Buddha während seiner Wanderung als Erleuchteter gegangen ist, sollen dort, wo er die Füße aufsetzte, Lotospflanzen gewachsen sein, so, wie der kleine Siddharta nach seiner Geburt aus der Hüfte seiner Mutter in

> **DIE SPUREN DES RADES UNTER SEINEN FÜSSEN SIND ANMUTIG.**
> Mahayana-Sutra

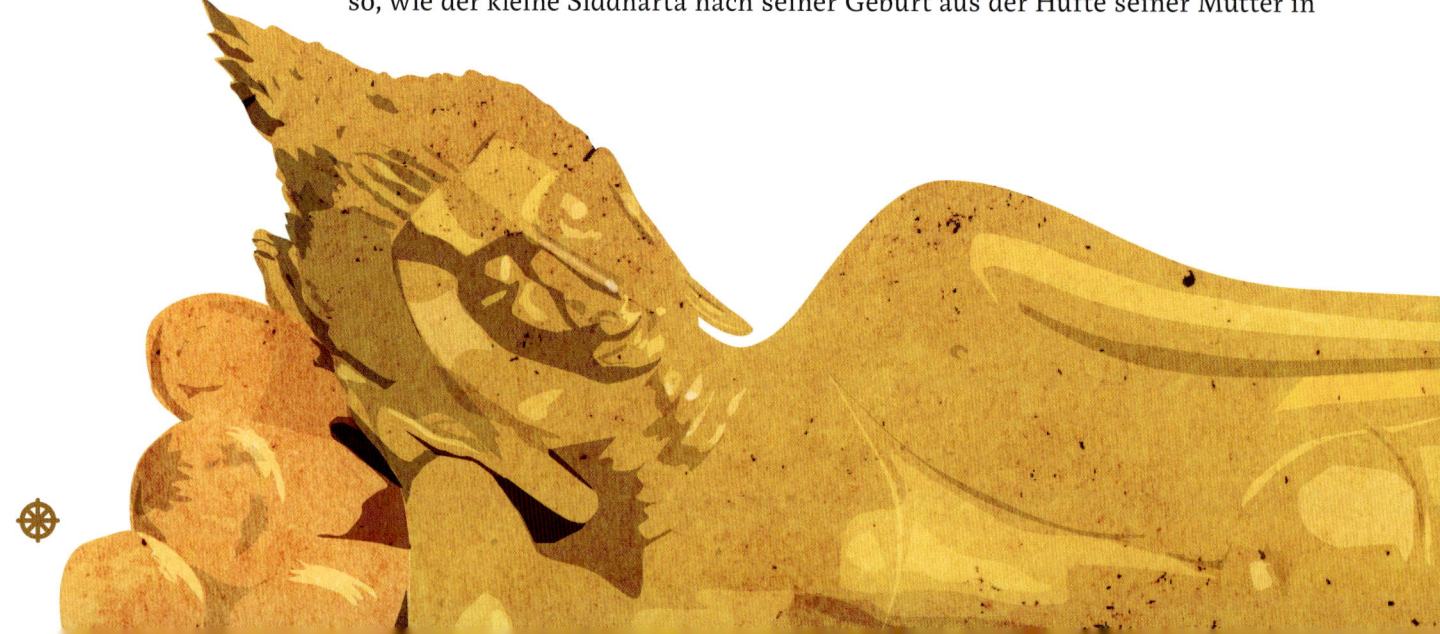

ein Bett aus Lotosblüten gefallen war. Der Samen dieser Blumen keimt auch noch nach tausend Jahren – so wie die Lehre des Buddhismus nach wie vor bei vielen Menschen in aller Welt auf fruchtbaren Boden fällt.

Das Leben als Buddhist

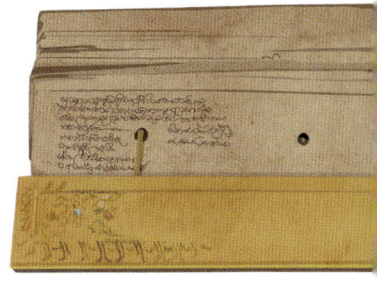

Buddha war kein Gott – auch wenn er wie ein solcher verehrt wurde und wird. Er schaffte auch nicht die Götter der Hindu ab oder die Rituale und Begräbniskulte dieser Religion, noch stellte er sich gegen die Brahmanen. Seine Lehre fußte schließlich im Hinduismus – nur zeigte er einen Ausweg aus dem Samsara, dem Kreislauf von Wiedergeburten, dem nach dem Glauben der Hindu keine Seele aus eigener Kraft entkommen kann. Seine Weisheiten, die Bilder und Gleichnisse, in die Buddha seine Erkenntnis und Botschaft kleidete, werden Sutras oder Sutren genannt. Und davon sind zigtausend überliefert. Welche dieser Worte tatsächlich von ihm stammen, ist umstritten. Wie in anderen Religionen auch wurde seine Lehre anfangs mündlich weitergegeben und erst Jahrhunderte nach seinem Tod aufgeschrieben. Erst im letzten Jahrhundert vor der Zeitenwende, bevor unsere Zählung in Jahren vor und nach Christus begann, erteilte ein König im heutigen Sri Lanka den Befehl, die buddhistischen Glaubensweisheiten aufzuschreiben. Damit begann der Weg des Buddhismus zur Weltreligion.

Als heilige Schrift der Buddhisten gilt die Tripitaka, das heißt „drei Körbe". In drei Körben nämlich wurde die Lehre des Erleuchteten aufbewahrt. Sie war auf Palmblättern niedergeschrieben worden. Im ersten Korb lagen die Erzählungen über das Leben Buddhas und seine Person, beginnend mit seiner Empfängnis durch Maya, im zweiten und dritten seine Lehre und Verkündigungen sowie die Lebensregeln für Mönche und Nonnen. Nach Buddhas Tod stritten seine Anhänger, wie diese Lehre zu befolgen sei und ob tatsächlich jeder in den Zustand der

**DIE AUS-
STRAHLUNG
DES BUDDHA-
KÖRPERS IST
WIE DIE EINES
GOLDENEN
BERGES.**
Mahayana-Sutra

Erleuchtung gelangen könne. Die einen meinten, dies sei nur Mönchen und Nonnen möglich – und die sollten diesen Weg für sich alleine antreten, um ins Nirwana überzugehen. Andere legten Buddhas Lehre so aus, dass ein Erleuchteter auf seine sofortige Erlösung verzichten müsse. Stattdessen solle er das Wissen, zu dem er gelangt war, an seine Mitmenschen weitergeben, damit auch sie den Weg zur Wahrheit finden.

Vom kleinen und großen Fahrzeug

Der Buddhismus teilt sich in zwei Richtungen oder Denkschulen auf. Die erste wird die „Schule der Alten", Theravada oder Hinayana genannt. Hinayana heißt so viel wie „Kleines Fahrzeug". Dieses „kleine Fahrzeug" ist wie ein Floß, das der, der zum Wissen gelangt ist, besteigt und damit über den Fluss der Erkenntnis ans Ufer der eigenen Erlösung fährt. Die Anhänger des Hinayana gehen davon aus, dass nur Ordensleute nach einem Leben im Kloster diesen Zustand erreichen können.

Im Gegensatz dazu steht nach dem Glauben der Anhänger des Mahayana-Buddhismus jedem der Weg zur Erleuchtung offen. Mahayana heißt „großes Fahrzeug". Am Steuer dieses „Fahrzeuges", um in dem Bild zu bleiben, sitzt oder steht ein Bodhisattva, jemand, der Erleuchtung erlangt hat, aber – so wie Buddha – darauf verzichtet, selbst sofort ins Nirwana einzugehen. Stattdessen erklärt er anderen Menschen die Lehre, damit sie selbst entscheiden können, welchen Weg sie einschlagen wollen.

Wie wird man Buddhist?

Als Buddhist wird man weder geboren noch zu diesem Glauben berufen. Auch bedarf es keiner Glaubensbeweise gegenüber irgendeinem „Vorgesetzten" oder Religionsführer, keiner „Beichte" mit Eingeständnis persönlicher Schuld und „Buße", um diese von sich abzuwaschen. Das alles gibt es im Buddhismus nicht, wenn auch Lehrer die Menschen, die sich auf diesen Weg begeben wollen, in die Weisheiten des Glaubens einführen und ihnen zeigen, wie man mithilfe von Yoga-Übungen die verschiedenen Stufen der Meditation erreichen kann. Der Buddhismus galt früher eher als Philosophie denn als Religion. Buddhist wird man, indem man sich zum Dreifachen Juwel oder den Drei Zufluchten bekennt. Dazu muss man aussprechen: „Ich nehme Zuflucht zum Buddha. Ich nehme Zuflucht zum Dharma. Ich nehme Zuflucht zum Sangha."

Die Drei Zufluchten

Zuflucht zu Buddha zu nehmen heißt nicht, ihn zu verehren wie einen Gott oder dessen Inkarnation, noch ihn als Propheten anzusehen. Buddha wollte selbst verstanden werden als ein Mensch, der den anderen beispielhaft vorausging, als Beweis dafür, dass ein jeder auf dem Achtfachen Pfad zur Erleuchtung gelangen kann. Es gibt keine Zeremonie, durch die man in den Buddhismus aufgenommen wird – und keine Pflichten, denen man sich unterwerfen muss. Selbst der Besuch von Tempeln oder die Verehrung von Reliquien und Statuen waren von Buddha nicht vorgesehen, auch wenn es „heilige" Orte gibt, die die Gläubigen gern aufsuchen. Es ist wohl so, dass der Mensch bestimmte Stätten braucht oder liebt, an denen er sich besonders in seiner Spiritualität und seinem Glauben aufgehoben fühlt. Jede Religion hat solche Orte der Verehrung oder Versenkung.

Dharma wird die Lehre Buddhas genannt. Zuflucht zum Dharma nehmen heißt, an die Lehre der Erleuchtung und des Erleuchteten zu glauben und daran, dass der Achtfache Pfad dorthin führt.

Sangha sind die buddhistischen Orden. Zuflucht zum Sangha im wortwörtlichen Sinn nehmen die buddhistischen Mönche. Für die Laien, die Gläubigen, die sich nicht in ein Kloster zurückziehen, haben sie Vorbildfunktion und sind spirituelle Lehrer. Wer sein Leben voll und ganz gemäß dem Dharma ausrichten will, muss sich frei machen von materiellen Ansprüchen und vom Leben in seiner Familie, weil dessen Regeln und Zwänge Hindernisse auf dem Weg zur Erleuchtung sind.

Die Regeln fürs Leben

Ähnlich den Zehn Geboten, die für Juden und Christen große Bedeutung haben, kennen Buddhisten Silas genannte Regeln. Sie sind die Kernpunkte der ethischen Lehre Buddhas. Für Laien-Gläubige gelten nur fünf, für Mönche zusätzlich eine ganze Menge anderer.

Die fünf Silas sind diese:

Man soll kein Lebewesen töten. Deshalb soll ein Buddhist keinen Beruf ergreifen, in dem er Leiden über andere Wesen bringen muss. Dazu zählt das Handwerk des Metzgers, Jägers oder Fischers. Viele Buddhisten sind Vegetarier, auch wenn es kein grundsätzliches Verbot des Fleischessens gibt. Wird einem Buddhisten Fleisch aufgetischt, wäre es sogar unhöflich, dieses abzulehnen, es sei denn, dass ein Tier extra für ihn geschlachtet wurde.

Buddhisten sollen nicht stehlen und nichts an sich nehmen, was ihnen nicht freiwillig gegeben worden ist.

Sie sollen sich von der Lust der Sinne nicht zu unsittlichem Lebenswandel hinreißen lassen und vor allem keinen Ehebruch begehen.

Sie sollen nicht lügen.

Sie sollen keine berauschenden Mittel, auch keinen Alkohol, zu sich nehmen.

Wer gegen eines oder mehrere dieser Gebote verstößt, muss weder mit Strafe noch Verdammnis rechnen. Ihm wird zugestanden, dass er oder sie einfach noch nicht reif genug ist, um die Regeln einzuhalten – und deshalb noch unterwegs ist auf dem Weg der Erleuchtung.

Für Mönche in Klöstern gibt es neben diesen fünfen noch rund 240 weitere Regeln. So sollen sie unter anderem

• nach der Mittagszeit keine Nahrung mehr zu sich nehmen;

• sich nicht durch Musik oder Tanz unterhalten lassen;

• auf ein bequemes Nachtlager, den Besitz von Geld, Schmuck und anderem Eigentum verzichten und so bedürfnislos wie irgend möglich leben. Was sie brauchen, auch Essen und Kleider, sollen sie sich außerhalb ihres Sanghas erbitten. Dabei bedankt sich nicht der Mönch bei dem, der gibt, sondern umgekehrt. Wie in der Bibel gilt auch im Buddhismus: Geben ist seliger denn nehmen.

In den Klöstern wird von den Mönchen jeweils am Tag des Vollmonds und des Neumonds gemeinsam aus den Heiligen Schriften gelesen. Wer gegen eine der Regeln verstoßen hat, soll sich im Anschluss daran öffentlich dazu bekennen. Für die schwersten Verfehlungen gibt es keine Verzeihung. Sie führen unweigerlich zum Ausschluss aus dem Orden. Dazu gehören Mord, Diebstahl, die wissentlich falsche Behauptung, man sei zur Erleuchtung gelangt, sowie die Hingabe in körperlicher Liebe.

„Heilige" Stätten und Feste

Auch wenn Buddha das nicht wollte, wurden und werden ihm in den Ländern, in denen seine Lehre verbreitet ist, Tempel gebaut, die meist reich verziert und ausgeschmückt sind. Ein zentrales Element dieser Tempel sind Figuren des Erleuchteten: Entweder zeigen ihn diese Statuen mit übereinandergeschlagenen Beinen im sogenannten Lotossitz, bei dem ein Fuß auf dem Oberschenkel des jeweils anderen Beines ruht. Die Hände des Buddha liegen mit nach oben geöffneten Handflächen in seinem Schoß übereinander – ganz so, wie der leibhaftige Erleuchtete unterm Bodhi-Baum saß. Oder die Buddha-Figur liegt auf der rechten Seite mit lang ausgestreckten Beinen, der linke Arm auf der Hüfte, der rechte abgewinkelt unter dem Kopf in der Haltung, in der Buddha gestorben ist. Manche Gläubige bringen beim Tempelbesuch Goldflitter oder Blumen mit, mit denen sie die Statuen bestreuen.

STUPAS
Einer der größten Stupas in Europa steht in Ungarn: Er wurde 1992 in dem Ort Zalaszanto von einem Mönch aus Südkorea erbaut. Dieser „Friedensstupa", wie er genannt wird, steht im Park der Menschenrechte und birgt eine Buddha-Statue, einen Lebensbaum und Reliquien.

Häufig werden auch Räucherstäbchen aufgestellt und entzündet, nicht nur in Tempeln, sondern auch vor einem Schrein oder Altar im heimischen Umfeld.

Manche Tempel haben kuppelartige Dächer. Andere dieser steinernen Kuppeln stehen für sich: Das sind Stupas, Hügelgräber, unter denen Buddhas Asche oder Reliquien anderer heiliger Männer aus der Frühzeit des Buddhismus bestattet sind. Manche Stupas wurden zu buddhistischen Wallfahrtsorten, zu denen die Gläubigen gern pilgern.

Im Buddhismus gibt es je nach Land und Kultur unterschiedliche Feste. Das bedeutendste, das überall gefeiert wird, ist das Vesakh-Fest bei Vollmond im Mai: Es ist der Tag, an dem Siddharta Gautama geboren wurde – und an dem er Jahrzehnte später unterm Bodhi-Baum erleuchtet worden ist. Die Gläubigen versammeln sich an Vesakh zu Umzügen oder treffen sich in Tempeln, um dort Geschichten aus Buddhas Leben und von seiner Lehre zu hören. Das Datum des Vesakh-Festes wechselt, da ihm der Mondkalender zugrunde liegt. Deshalb ist es jedes Jahr an einem anderen Termin im Mai. Im Jahr 2000 wurde der Vesakh-Tag von der UNO als weltweiter buddhistischer Festtag anerkannt. Auch in verschiedenen Städten in Deutschland und anderen Ländern der westlichen Welt treffen sich an diesem Tag Buddhisten zum Feiern.

Buddhismus weltweit

Von Nepal, Buddhas Heimatland, und Indien, in dem er selbst lehrte, breitete sich der Buddhismus erst in Zentral- und Südostasien bis nach China und Japan aus. Heute gibt es auf der ganzen Welt buddhistische „Gemeinden". Je nach Land und Kultur formte sich diese Religion besonders in Asien anders aus.

Theravada-Buddhisten, also die mit dem „kleinen Fahrzeug", sind vor allem in Sri Lanka, Myanmar (dem einstigen Burma), Thailand, Laos und Kambodscha verbreitet. Mit dem „großen Fahrzeug" des Mahayana-Buddhismus sind seine Jünger in Nepal, Tibet, China, Vietnam, Korea und Japan „unterwegs". In Indien setzte sich letztlich wieder der Hinduismus durch. In Japan vermischte sich der Götter- und Geister-Glaube des Shintoismus mit der „neuen" buddhistischen Religion.

Eine besondere Form des Buddhismus, der Lamaismus, entstand in Tibet. Ein Lama ist ein buddhistischer Lehrmeister, der oberste von ihnen ist der Dalai-Lama. Der Name bedeutet „Lehrer des Ozeans der Weisheit", weil sein Wissen als so tief und riesig wie ein Ozean angesehen wird. Der Dalai-Lama der Tibeter gilt als Reinkarnation, also Wiederverkörperung des Bodhisattva Avalokiteshvara, der vor 2500 Jahren als „Bodhisattva des Mitleids" lebte. Stirbt ein Dalai-Lama, suchen die Mönche die nächste Inkarnation. Bestimmte Anzeichen führen sie zu ihm. Den „Kandidaten" werden verschiedene Dinge vorgelegt, darunter Gegenstände, die dem letzten verstorbenen Dalai-Lama gehörten. Erkennt ein so geprüfter diese, gilt er als die nächste Inkarnation. Der 14. Nachfolger des Bodhisattvas des Mitleids, Tenzin Gyatso, wurde 1935 als Sohn einer osttibetischen Bauernfamilie geboren. Durch ihn wurde der Buddhismus weltweit populär: Er gilt als Mahner für Gewaltlosigkeit und Frieden und wird auch von Politikern empfangen. Dabei musste er selbst 1959 aus seiner Heimat fliehen, als die Chinesen das Land gewaltsam besetzten. Der Dalai-Lama wird auch von Nicht-Buddhisten verehrt.

DALAI-LAMA
Der Dalai-Lama Tenzin Gyatso ist religiöses und weltliches Oberhaupt der Tibeter – und dies seit seinem 15. Lebensjahr: Als China mit der Eroberung seines Heimatlandes begann, übertrug ihm die tibetische Regierung die Macht. 1989 erhielt er den Friedensnobelpreis für seinen Einsatz für Frieden in Tibet. Da lebte er bereits im Exil in Indien.

judentum

JUDENTUM

Wer es sich in einem koscheren Restaurant, wie es sie inzwischen in vielen Städten bei uns gibt, schmecken lassen will, muss manchmal auf den Pudding danach verzichten. Denn dort wird nach den strengen jüdischen Essensvorschriften gekocht. Und die verbieten, dass in der Küche, auf dem Teller oder im Magen fleischige und milchige Kost miteinander in Berührung kommen. Kleinere Lokale verzichten deshalb oft ganz auf alles, was aus und mit Milch zubereitet wird.

In keiner anderen Religion gibt es für das Alltagsleben so viele Vorschriften wie im Judentum. Nicht alle Gläubigen halten all diese Jahrtausende alten biblischen Regeln ein, dennoch gelten sie nach wie vor. Das Judentum ist nicht nur eine Religion, sondern auch die Geschichte eines Volkes. Es zählt zu den fünf Weltreligionen, auch wenn ihr nur rund 14 Millionen Menschen angehören. Und Juden leben überall auf der Erde. In Israel, dem Land ihrer Väter, haben sie einen eigenen Staat. Ihre Vorfahren waren die Ersten, die an nur einen Gott glaubten. Auf den zehn Geboten, die dieser den biblischen Patriarchen gab, fußen Werte und ethische Normen, denen sich die Menschheit verpflichtet fühlt. Im Judentum wurzeln das Christentum und der Islam. Sie verehren denselben Schöpfergott. Er schuf Himmel und Erde sowie Pflanzen, Tiere und Menschen. Davon erzählt die hebräische Bibel.

Die Christen nennen sie Altes Testament. Testament heißt Bund, denn Gott hat mit den Juden einen Bund geschlossen, in dem er sie zu seinem auserwählten Volk bestimmt und ihnen ein Gelobtes Land versprochen hat. Die Juden warten auf die Ankunft des von Gott verheißenen Messias, der ewigen Frieden in die Welt bringen wird. Die Geschichte des jüdischen Glaubens und Volkes ist eine der Verfolgung und Vertreibung über Jahrtausende hinweg. Schon ihren Stammvätern erlegte Gott schwere Prüfungen auf. Der wichtigste Segensspruch der Juden heißt: „Nächstes Jahr in Jerusalem". Er steht für die Hoffnung und Sehnsucht, eines Tages endlich in Freiheit und Frieden leben zu können.

die urväter der juden

An diesem Morgen stand Abraham früh auf. Er sattelte einen Esel, hackte Holz, bündelte es und band es dem Tier auf den Rücken. Dann weckte er die Jungknechte und seinen Sohn. Die kleine Gruppe marschierte los. Ihr Ziel war das Land Moria. Dort wollte Abraham auf einem Berg ein Brandopfer bringen. Das hatte Gott ihm aufgetragen. Es sollte ein ganz besonderes Opfer werden …

Abrahams Sohn Isaak wunderte sich, dass sein Vater während des dreitägigen Marsches so bedrückt und wortkarg war. In Moria angekommen, wies der Alte die Knechte an, mit dem Esel zurückzubleiben. Er wolle mit seinem Sohn allein auf den Berg steigen, um sein Opfer zu bringen. Abraham lud Isaak das Holz auf. Er selbst steckte das Messer ein und trug das Feuer. Schweigend stiegen Vater und Sohn auf den Berg. Isaak sah Abraham immer wieder fragend an. Was war mit ihm los? So hatte er ihn noch nie erlebt! Und seltsam: Sie hatten gar kein Opfertier dabei! Schließlich fasste sich der Junge ein Herz und fragte: „Vater, wir haben Holz und Feuer, aber wo ist das Opferlamm?" Ohne seinen Sohn anzublicken, murmelte Abraham: „Gott wird sich das Opferlamm aussuchen."

Oben angekommen schichtete der alte Mann Steine zu einem Altar auf und errichtete darauf die Feuerstelle. Am liebsten hätte er seine Verzweiflung laut in den Himmel geschrieen. Aber er musste Gott gehorchen. Das hatte er ihm schließlich versprochen. Noch nie war ihm Gehorsam gegen den Höchsten so schwer gefallen. Diesmal überstieg es fast seine Kräfte: Er sollte das Kostbarste opfern, was er besaß, seinen geliebten Sohn. Wie lange hatten er und seine Frau Sara vergeblich auf ein Kind gewartet! Sie hatten die Hoffnung schon aufgegeben, als Gott ihm verkündete, Sara werde einen Sohn gebären, denn er wolle Abraham mit zahlreichen Nachkommen segnen und ihn zum Stammvater vieler Völker machen. Abrahams Volk habe er zu seinem eigenen auserwählt, dem er ein Gelobtes Land geben werde.

Bei dieser Prophezeiung ging Sara bereits ins 90. und Abraham ins hundertste Lebensjahr. Kein Wunder, dass Sara ungläubig lachte. Doch bald schon spürte sie, dass sich in ihrem Leib Leben regte. Ein Jahr nach Gottes Verheißung brachte sie Isaak zur Welt. Der Junge war inzwischen herangewachsen. Und jetzt sollte Abraham ihn opfern! Wie sollte er Sara je wieder unter die Augen treten? Wie er selbst den Schmerz über diesen Verlust verwinden? Abraham verscheuchte seine düsteren Gedanken. Er griff nach dem Jungen, fesselte ihn und legte ihn auf den Altar. Isaak erstarrte vor Entsetzen. Er spürte schon das Messer an seiner Kehle, da erschien plötzlich eine Lichtgestalt am Himmel und rief: „Streck deine Hand nicht gegen den Knaben aus und tu ihm nichts zuleide! Denn jetzt weiß ich, dass du Gott fürchtest; du hast mir deinen einzigen Sohn nicht vorenthalten." Im selben Moment entdeckte Abraham einen Widder, der sich mit seinen Hörnern in einem Strauch neben der Opferstelle verfangen hatte. Abraham ließ das Messer sinken, löste die Fesseln seines Sohnes und packte das Tier. Er legte es an Isaaks Stelle auf den Scheiterhaufen, tötete es und entzündete das Holz, und schon stieg der Rauch des Brandopfers auf. Fast weinte Abraham vor Dankbarkeit: Sein geliebtes Kind war gerettet! Da erschien die Gestalt ein zweites Mal und wiederholte: „So spricht der Herr: Weil du das getan und mir deinen einzigen Sohn nicht vorenthalten hast, will ich dir Segen schenken in Hülle und Fülle und deine Nachkommen zahlreich machen wie die Sterne am Himmel und den Sand am Meeresstrand. Segnen sollen sich mit deinen Nachkommen alle Völker der Erde, weil du auf meine Stimme gehört hast."

Das Leben Abrahams

Abraham, der Stammvater der Juden, soll vor rund 4000 Jahren gelebt haben. Er war der Sohn eines Nomaden und zog wie sein Vater mit dem Vieh umher. Seine Familie lebte im babylonischen Ur im heutigen Irak. Als die Weidegründe dort nicht mehr genug Futter für die Tiere boten, wanderte seine Sippe nach Nordwesten und ließ sich im heute türkischen Harran nieder. Anders als die Menschen seiner Zeit, die viele Götter verehrten, glaubte Abraham an nur einen. Dieser Gott hatte sich ihm offenbart und mit ihm einen Bund geschlossen. Er forderte Abraham auf, Harran zu verlassen und nach Kanaan zu gehen. Das war ein schmaler Landstreifen zwischen dem Mittelmeer im Westen und der Wüste im Osten. Doch auch dort konnte Abraham nicht sesshaft werden: Immer wieder musste er wegen Dürren neue Weidegründe suchen. So lebten Abraham und Sara auch eine Zeitlang in Ägypten. Als Sara 75 Jahre alt war, gab sie die Hoffnung auf ein Kind auf. Abraham aber brauchte einen Nachkommen. Deshalb führte Sara ihm, wie es Sitte war, ihre Magd Hagar zu, die sie aus dem Land der Pharaonen mitgebracht hatten. Mit ihr zeugte Abraham Ismael. Doch dann geschah das Wunder von Isaaks Geburt. Als der zu einem jungen Mann herangewachsen war, befürchtete Sara, Hagar könnte für Ismael das Erstgeburtsrecht einfordern. Deshalb schickte sie die beiden in die Wüste. Ismael trug das sichtbare Zeichen des Bundes zwischen seinem Vater und Gott: Der hatte Abraham auferlegt, sich selbst, seine männlichen Nachkommen und die seiner Sippe und Gefolgschaft an der Vorhaut zu beschneiden.

Abraham war damals 99 Jahre alt, Ismael 13. Von da an bekamen alle neugeborenen Knaben in Abrahams Gefolge am achten Tag nach ihrer Geburt dieses Zeichen als auserwählte Kinder Gottes. Aus den Kindern Ismaels erwuchs der Stamm der Ismaeliten. Die Muslime sehen Ismael als rechtmäßigen Sohn Abrahams und ihren zweiten Stammvater an. Für die Juden ist es Isaak, der den Bund mit Gott fortführte. Abraham starb mit 175 Jahren.

ABRAHAM
Abraham ist nicht nur der Stammvater der Juden. Auch Christen und Muslime sehen ihn als solchen an. Der Gott, der sich ihm offenbart hat, ist auch der ihre. Die Muslime nennen ihn „Allah". Weil sich alle drei Glaubensrichtungen auf den Patriarchen Abraham berufen, werden sie abrahamitische Religionen genannt.

Isaak, Jakob und die Begründer der Zwölf Stämme

Isaak war schon 40 Jahre alt, als er Rebekka heiratete. Auch sie mussten lange auf Kinder warten. Als sie endlich die Zwillinge Esau und Jakob bekamen, war Isaak 60. Jakob wurde nach Abraham und Isaak zum dritten Erz- oder Stammvater der Juden. Von ihm bekam das Volk den Namen Israel: Als Jakob erwachsen war, stellte sich ihm eines Nachts ein fremder Mann in den Weg und forderte ihn zum Kampf auf. Die beiden rangen miteinander bis zum Morgengrauen. Dann gab der Fremde auf. Obwohl Jakob gesiegt hatte, bat er den Unterlegenen, ihn zu segnen. Da gab sich sein Herausforderer zu erkennen: Es war Gott höchstselbst. Er sagte zu Jakob, von nun an solle er sich Israel nennen. Das heißt so viel wie „der mit Gott gerungen hat". Bis Jakobs Kinder und Kindeskinder sich aber als Israeliten, Söhne des „Israel", im Gelobten Land Kanaan niederlassen konnten, sollte es noch Jahrhunderte dauern. Die Zwölf Stämme des Volkes Israel gehen auf die zwölf Söhne Jakobs zurück. Sie heißen Ruben, Simeon, Levi, Juda, Dan, Naftali, Gad, Ascher, Issachar, Sebulon, Josef und Benjamin.

DER STAMM JUDA
Vom Stamm des Juda leitet sich der Name Juden ab. So wurden die Angehörigen des biblischen Volkes Israel seit der Zeit nach dem babylonischen Exil im 6. Jahrhundert v. Chr. genannt.

Josef und seine Brüder

Josef, der zweitjüngste, war Jakobs Lieblingssohn und der Vater behandelte ihn wie einen Erstgeborenen. Seine zehn älteren Brüder waren deshalb eifersüchtig. Josef hatte häufig sonderbare Träume und die Gabe, auch die Träume anderer zu deuten. Einmal erzählte er seinen Geschwistern, er habe sie im Schlaf alle auf einem Feld Getreide binden sehen. Die Brüder hätten ihre Garben im Kreis um seine aufgestellt. Dann hätten sich ihre Getreidebündel vor dem seinen verneigt. Die anderen wurden wütend: Was bildete sich dieser Kerl eigentlich ein? Dachte er etwa, sie würden sich vor ihm verneigen? Ein andermal vertraute Josef seinem Vater diesen Traum an: Sonne, Mond und elf Sterne am Himmel hätten vor ihm die Knie gebeugt. Diesmal war auch Jakob empört: Wollte sein Sohn damit etwa sagen, dass seine Mutter, sein Vater und die Geschwister ihn verehren sollten? So viel Hochmut ging ihm selbst bei seinem Lieblingssohn zu weit. Doch dann fragte er sich, ob Gott diesen seinen Sohn vielleicht für eine besondere Aufgabe auserwählt habe.

Josefs Brüder hatten heimlich an der Tür gelauscht. Als sie hörten, was der Jüngere ihrem Vater erzählte, waren sie sich einig: Sie würden Josef für seine Wichtigtuerei einen Denkzettel verpassen! Die Gelegenheit dazu ergab sich bald: Eines Tages waren die älteren Brüder zum Viehhüten auf dem Feld. Der Vater sorgte sich, weil sie so lange ausblieben, und schickte Josef hinterher. Der war schon von weitem zu erkennen, denn Jakob hatte seinem Lieblingssohn einen wunderschönen bunten Mantel geschenkt. Die Brüder beschlossen, kurzen Prozess mit ihm zu machen und ihn zu töten. Doch Ruben, der älteste unter ihnen, protestierte entsetzt: Sie könnten doch nicht zu Mördern werden! So einigten sie sich darauf, Josef in eine ausgetrocknete Zisterne zu werfen. Gesagt, getan. Josefs Klagen und Bitten, ihn wieder herauszuholen, stießen auf taube Ohren. Wenig später zogen Beduinen vorbei und die Brüder verkauften Josef als Sklaven. Zum Vater zurückgekehrt, erzählten sie, ein wildes Tier habe ihn getötet. Zum Beweis legten sie ihm Josefs Mantel vor, den sie mit Tierblut besudelt hatten.

Jakob war untröstlich über den Verlust seines liebsten Sohnes. Was keiner ahnte: Josef kam in Ägypten als Sklave an den Hof Potifars, des obersten Leibwächters des Pharaos.

Am Hof des Pharaos

Josefs Schicksal nahm eine ungeahnte Wendung. Potifars Frau verliebte sich in ihn und wollte ihn verführen. Er aber wies sie ab. Aus Rache verbreitete sie, der Sklave habe sie belästigt. Zur Strafe wurde Josef ins Gefängnis gesperrt. Doch Josef hatte eine besondere Gabe: Er konnte Träume deuten. Das wurde auch von den Leuten des Pharaos bemerkt und sie baten ihn oft um Rat. Eines Tages rief ihn der Herrscher persönlich zu sich. Der Pharao war beunruhigt über zwei Träume: Im ersten hatte er sieben wohl genährte Kühe gesehen, die am Nil weideten. Doch plötzlich stiegen sieben abgemagerte, hässliche Rinder aus dem Fluss und fraßen ihre gesunden Artgenossen auf. Im zweiten Traum sah der Pharao einen Getreidehalm, an dem sieben pralle, schöne Ähren saßen. Darunter aber standen sieben ausgedörrte. Die kümmerlichen Ähren verschlangen die sieben vollen. Der Herrscher fragte Josef, was das zu bedeuten habe. Der prophezeite ihm, dass sieben fruchtbare Jahre mit reichen Ernten bevorstünden. Ihnen werde eine Zeit der Dürre folgen und das Land sieben Jahre lang keine Früchte tragen. Daraufhin wies der Pharao seine Leute an, in den fetten Jahren die Getreidespeicher zu füllen, damit Ägypten die Dürrezeit überstehen könnte. Von Josef war er so beeindruckt, dass er den Sklaven freiließ und zu seinem obersten Verwalter und Stellvertreter ernannte.

Die Versöhnung

Josefs Prophezeiung erfüllte sich: Die sieben mageren Jahre kamen, und in den Nachbarregionen Ägyptens brach eine Hungersnot aus. Es sprach sich bald herum, dass die Speicher im Land des Pharaos voll waren. Deshalb kamen viele Menschen dorthin, um Getreide zu kaufen. Auch Josefs ältere Brüder machten sich auf den Weg. Als sie mit ihrer Bitte vor ihn traten, erkannte er sie sofort, ihnen jedoch war er fremd. Sie glaubten, ihr Bruder sei längst tot. Josef fragte sie aus, woher sie kämen, wer ihr Vater sei und ob er noch lebe. Die zehn erzählten von Jakob und auch, dass sie einen jüngeren Bruder verloren hätten. Ihr jüngstes Geschwister, Benjamin, sei beim Vater geblieben. Da verlangte Josef von ihnen einen Beweis, dass sie ihn nicht angelogen hatten: Sie sollten in ihre Heimat zurückkehren, Benjamin holen und mit ihm wiederkommen. Als Pfand wollte er einen der ihren, Simeon, bei sich behalten. Dann ließ er ihre Säcke mit Getreide füllen und schickte sie zurück.

Jakob ließ seine Söhne und vor allem Benjamin nur schweren Herzens ein zweites Mal ziehen. Aber das gekaufte Korn war bald aufgebraucht, und so machten sie sich erneut auf nach Ägypten. Diesmal gab sich Josef den Brüdern zu erkennen. Erst befürchteten sie, er werde sie bestrafen, doch Josef dachte nicht an Rache. Er verzieh den beschämten Brüdern – und mehr noch: Er forderte sie auf, den Vater nachzuholen und sich im Land des Pharaos niederzulassen. Als Jakob erfuhr, dass sein tot geglaubter Sohn noch lebte, war er überglücklich. Er machte sich auf den Weg an den Nil und ließ sich mit der ganzen Sippe dort nieder.

Josef wurde wie Jakob sehr alt, und die Söhne und Enkel Israels vermehrten sich zahlreich, wie Gott es versprochen hatte. Sie waren fleißig und bei den Ägyptern beliebt. Doch das Blatt wendete sich, als ein neuer Pharao an die Macht kam, der Josef nicht mehr gekannt hatte.

> **GOTT WIRD MIT EUCH SEIN UND EUCH IN DAS LAND EURER VÄTER ZURÜCK-BRINGEN.**
>
> Genesis 48, 21

Der Knabe im Schilf

Dem neuen Pharao waren die Israeliten ein Dorn im Auge. Er befürchtete, sie könnten die Macht an sich reißen, wenn sie bald zahlreicher sein würden als die Ägypter. Deshalb ließ er das Volk Israel versklaven. Nun mussten die Kindeskinder Jakobs und Josefs Frondienste leisten: Ihnen wurde die schwere Feldarbeit

aufgetragen. Sie mussten Ziegel herstellen und für die Ägypter Häuser bauen. Weil die Israeliten sich weiterhin stark vermehrten, ordnete er schließlich an, ihre neugeborenen Söhne zu töten. Nur die Töchter durften überleben.

Doch eine Frau aus dem Stamm der Leviten, der Nachkommen von Jakobs Sohn Levi, ersann eine List, um das Leben ihres neugeborenen Sohnes zu retten. Sie versteckte ihn. Als er drei Monate alt war, konnte sie ihn nicht länger verbergen. Deshalb flocht sie ein Körbchen aus Binsen, legte den Säugling hinein und setzte ihn im Schilf am Nilufer aus. Die Schwester des Kleinen blieb in der Nähe, um zu sehen, was mit ihrem Brüderchen geschehen würde. An genau dieser Stelle aber ging die Tochter des Pharaos baden. Ihre Dienerinnen fanden das Kind und brachten es ihrer Herrin. Die erkannte sofort, dass es ein Sohn der Israeliten sein musste. Der Kleine tat ihr leid und sie nahm ihn an sich. Da holte die Schwester des Jungen schnell die Mutter. Die Pharaonentochter ahnte nicht, wen sie da vor sich hatte, und bat die fremde Frau, das Kind zu stillen und es ihr, wenn es entwöhnt war, an den Hof zu bringen. Sie gab dem Knaben den Namen Mose.

MOSE
Ob Mose wirklich gelebt hat, wissen wir nicht. Die Ereignisse, die in der Bibel über ihn und die Israeliten geschildert werden, gehen vermutlich auf das 13. Jahrhundert v. Chr. zurück. In dieser Zeit wurden auf Befehl des Pharaos Ramses I. die Städte Ramses, möglicherweise das heutige Piramesse, und Piton gebaut.

Gottes Auftrag an Mose

So wuchs Mose am Hof des Pharaos auf. Als er ein junger Mann geworden war, sah er eines Tages auf dem Feld, wie ein Ägypter einen seiner Stammesbrüder bei der Sklavenarbeit prügelte. Er blickte sich kurz um und fühlte sich unbeobachtet. Dann erschlug er den Aufseher und verscharrte den Toten im Sand. Am nächsten Tag traf er auf zwei streitende Männer und stellte einen von ihnen zur Rede: „Warum schlägst du ihn?" Der aber erwiderte: „Hat dich jemand zum Schiedsrichter bestellt? Oder willst du mich umbringen wie gestern den Ägypter?" Da bekam Mose Angst und floh nach Midian östlich des Roten Meeres, wo er Viehhüter wurde.

Eines Tages trieb Mose seine Tiere zum Berg Horeb. Da sah er in der Ferne einen brennenden

Dornbusch. Er ging näher und wunderte sich: Das Gestrüpp stand zwar in Flammen, wurde aber vom Feuer nicht aufgezehrt. Plötzlich hörte er eine Stimme aus dem Busch: „Tritt nicht auf den Boden vor dir, denn der ist geheiligt." Mose blieb stehen. Da gab sich die Stimme zu erkennen: „Ich bin der Gott deines Vaters, der Gott Abrahams, der Gott Isaaks und der Gott Jakobs."

Bei diesen Worten befiel Mose große Angst. Doch Gott sprach weiter: Er habe das Elend seines Volkes in Ägypten gesehen und sei herabgestiegen, um Israel aus der Hand des Pharaos zu befreien. Er wolle es in ein Land bringen, in dem Milch und Honig fließen – ins Land der Kanaaniter. Ihn, Mose, habe er dazu ausersehen, seine Leute dorthin zu führen. Mose haderte mit der Aufgabe, die ihm gestellt wurde. Doch Gott lehrte ihn Dinge, mit denen er dem Pharao beweisen konnte, dass er in göttlichem Auftrag handle. So forderte er Mose auf, seinen Stab auf die Erde zu werfen – und der Stab verwandelte sich in eine Schlange. „Pack sie am Schwanz!", befahl Gott. Mose folgte – und aus der Schlange wurde wieder ein Stab. Schließlich machte er sich auf den Weg zurück nach Ägypten.

Die ägyptischen Plagen

Mose hatte Recht gehabt: Als er zusammen mit seinem Bruder Aaron vor den Pharao trat und ihn bat, er möge die Israeliten ziehen lassen, damit sie ihren Gott in der Wüste verehren könnten, schlug der Pharao ihre Bitte ab. Deshalb schickte der Herr den Ägyptern zehn Plagen: Er ließ den Nil vergiften, Frösche, Stechmücken und Stechfliegen das Land heimsuchen, er sandte eine Pest, die das Vieh vernichtete, und schlug die Menschen mit Geschwüren. Doch der Pharao blieb hart. Selbst als der Herr mit einem Hagelsturm das Land verwüstete und eine Heuschreckenplage schickte, die die Ernte vernichtete, wollte der Pharao nicht nachgeben. Da tauchte Gott das ganze Land für drei Tage und Nächte in Finsternis. Die Menschen fürchteten sich, die Kinder weinten und schrieen. Den Pharao kümmerte auch das nicht. Schließlich kündigte Gott Mose die schrecklichste Plage an: Er wollte in jedem ägyptischen Haus den ältesten Sohn töten, selbst in dem des Pharaos. Nur die Israeliten werde er verschonen. Jede Familie sollte für sich ein Lamm schlachten und mit dessen Blut die Türpfosten ihrer Häuser bestreichen. Daran könne der Todesengel erkennen, wen er verschonen müsse. Das Lamm sollten die Israeliten

HEBRÄER
Die Israeliten werden in der Tora auch Hebräer genannt. Das heißt so viel wie heimatloser Wanderer. Als Erster wurde in der Bibel Abraham so genannt. Ivrit, eine Art modernisiertes Hebräisch, ist heute die Nationalsprache im modernen Staat Israel.

zu Ehren des Herrn braten und als Pessachmahl mit ungesäuertem Brot verzehren. So geschah es. Nachdem der Todesengel um Mitternacht umhergegangen war, gab es unter den Ägyptern kein Haus und keine Familie, in denen nicht ein Toter zu beklagen war. Auch der Pharao hatte seinen Erstgeborenen verloren. Noch in der-selben Nacht ließ er Mose und Aaron zu sich rufen und befahl ihnen, ihr Volk solle mitsamt seinem Vieh und allem, was es besaß, Ägypten sofort verlassen.

Der Exodus

Damit begann der Exodus, der Auszug des Volkes Israel aus Ägypten und der Marsch zurück ins von Gott verheißene Land Kanaan. Mose war damals bereits 80 Jahre alt. Aber sein eigentlicher Auftrag begann erst jetzt.

Denn so einfach wollte der Pharao die Israeliten dann doch nicht ziehen lassen: Als sie mit Sack und Pack aufgebrochen waren, schickte er ihnen eine Streitmacht hinterher. Mose und seine Leute hatten bereits das Schilfmeer, ei-nen Arm des Roten Meeres, erreicht, da sahen sie hinter sich in der Ferne die Streitwagen der Ägypter heranpreschen. Die Israeliten schrieen vor Furcht und beschimpften Mose: Lieber wären sie als Sklaven in Ägypten geblieben als jetzt unter den Schwertern der Soldaten des Pharaos zu sterben! Da wies Gott Mose an, seinen Stab über dem Wasser zu erheben und das Meer zu teilen. Und tatsäch-lich tat sich eine Furt auf und die Israeliten zogen trockenen Fußes zwischen sich rechts und links hoch auftürmenden Wasserwänden hindurch. Die Ägypter hat-ten inzwischen das Ufer erreicht und setzten ihnen nach. Als Moses Gefolge auf der anderen Seite angekommen war, befahl Gott ihm, erneut seine Hand auszu-strecken, und die Wassermassen des Meeres schlugen über ihren Verfolgern zu-sammen. Die Ägypter ertranken jämmerlich in den Fluten.

Die Israeliten glaubten nun umso fester an ihren Gott und gehorchten ihrem Führer Mose. Doch als der Marsch durch die Wüste kein Ende nehmen wollte und immer mühsamer wurde, begannen sie erneut zu murren. Sie hatten Hunger und Durst und haderten mit dem Herrn. Immer wieder musste Mose sie besänftigen und ermahnen, den Glauben an Gott nicht zu verlieren. Der half ihm durch weitere Wunder: Als ihnen das Wasser ausgegangen und weit und breit weder eine Quelle noch eine Oase zu finden war, schlug Mose mit seinem Stab gegen einen Felsen.

Daraufhin sprudelte frisches Wasser aus dem Stein. Ein andermal ließ Gott süßes Brot, Manna, als himmlische Nahrung auf den Wüstenboden fallen und Wachteln auf die Erde stürzen.

Im dritten Monat erreichten die Israeliten schließlich die Wüste Sinai. Dort erneuerte Gott seinen Bund mit dem von ihm auserwählten Volk und gab ihm die Zehn Gebote. Dazu rief er Mose auf den Berg Sinai. Er zeigte sich ihm von Angesicht zu Angesicht und übergab ihm zwei steinerne Tafeln. Auf ihnen hatte er die Zehn Gebote niedergeschrieben. Außerdem gab er seinem Propheten Gesetze für das tägliche Leben und den Glaubens- und Tempeldienst, die die Israeliten befolgen sollten.

Das Goldene Kalb

Mose blieb 40 Tage auf dem Berg Sinai – und bald schon fühlten sich die Menschen, die ihm gefolgt waren, von ihrem Führer und Gott in der Wüste allein gelassen. Das Volk verlor den Glauben an Moses Rückkehr und auch an ihren Herrn. Schließlich begann es, Kultbilder anzubeten. Aus ihrem Schmuck gossen sie ein Goldenes Kalb ähnlich dem Apis-Stier der Ägypter und huldigten diesem Tier, indem sie um es herumtanzten. Als Mose wiederkam und sah, dass sie sich von Gott abgewandt hatten, wurde er wütend: Er zerstörte das Kalb und zerschmetterte die Gesetzestafeln an einem Felsen. Auch Gott zürnte seinem Volk. Er kündigte an, es für den Ab-  fall vom Glauben zu strafen: Keiner von denen, die in Ägypten los- marschiert waren, sollte das Gelobte Land erreichen, sondern erst ihre Kinder und Kindeskinder in 40 Jahren.

Zerknirscht kehrten die Israeliten zum Glauben an den Herrn zurück. Sie bauten einen hölzernen Schrein, den sie reich verzierten. In dieser Bundeslade verwahrten sie die neuen Gesetzestafeln mit den Zehn Geboten, die Mose bei einer zweiten Zusammenkunft von Gott auf dem Berg Sinai bekommen hatte.

Wie Gott es verkündet hatte, dauerte es 40 Jahre, bis das Volk Israel Kanaan erreichte. Auch Mose bekam das Gelobte Land nur aus der Ferne zu sehen: Er starb mit 120 Jahren auf dem Berg Nebo im heutigen Jordanien.

die zehn gebote

DU SOLLST KEINE ANDEREN GÖTTER NEBEN MIR HABEN.

DU SOLLST DIR KEIN BILDNIS VON MIR MACHEN.

DU SOLLST MEINEN NAMEN NICHT MISSBRAUCHEN.

DU SOLLST DEN SIEBTEN TAG DER WOCHE EHREN.

DU SOLLST DEINEN VATER UND DEINE MUTTER EHREN.

DU SOLLST NICHT TÖTEN.

DU SOLLST NICHT EHEBRECHEN.

DU SOLLST NICHT STEHLEN.

DU SOLLST NICHT LÜGEN.

DU SOLLST NICHT BEGEHREN, WAS DEINEM NÄCHSTEN GEHÖRT.

die zeit der könige

MOSE
Mose war und ist für Juden und Christen der wichtigste der biblischen Propheten und der Einzige, dem sich Gott von Angesicht zu Angesicht gezeigt hat. Auch die Muslime erkennen ihn als Propheten an.

Vor seinem Tod hatte Mose einen Mann namens Joshua zu seinem Nachfolger bestimmt. Unter Joshuas Führung überschritten die Israeliten den Fluss Jordan und gelangten in das von Gott verheißene Land. Die Inbesitznahme Kanaans verlief allerdings alles andere als friedlich: Seit den Zeiten Jakobs hatten sich dort andere Völker wie die Kanaaniter niedergelassen, denen die Israeliten nun das Land streitig machten und sie verjagten. Die zwölf Stämme – die Nachfahren der zwölf Söhne Jakobs – teilten die Gegend westlich und östlich des Jordans unter sich auf. Kam einer der Stämme in Bedrängnis, zum Beispiel durch Angriffe von außen, standen sie einander bei. Immer wieder aber fielen einzelne von ihnen vom Glauben an Gott ab und wandten sich ihren alten Göttern oder den Gottheiten der anderen Völker zu. Dafür strafte der Herr sie mit Niederlagen im Kampf gegen Eindringlinge und Feinde von außen. Und Feinde hatten sie zur Genüge. Vor allem die Philister – von denen sich der Name Palästina ableitet – waren den Israeliten militärisch weit überlegen. Da die Nachfahren Abrahams, Isaaks und Jakobs keine Könige hatten, setzten sie Richter genannte Stammesfürsten ein, die sie regierten. Der letzte dieser Richter war der Prophet Samuel. Doch die Völker Israels sehnten sich nach einem gemeinsamen Herrscher. Deshalb erhielt Samuel von Gott den Auftrag, einen König zu salben. Dieser erste König hieß Saul. Er war ein kluger Feldherr und wehrte vor allem die Philister immer wieder erfolgreich ab. Aber er hielt sich nicht streng an die göttlichen Gebote und Gesetze und verlor den Thron an seinen Schwiegersohn David vom Stamme Juda aus Bethlehem. David gelang es schließlich, die zwölf Stämme zu einen. Er eroberte Jerusalem, erhob es zur Hauptstadt und zum religiösen und kulturellen Zentrum.

Davids Nachfolger war sein Sohn Salomo. Er erhielt von Gott den Auftrag, in Jerusalem einen Tempel zu bauen, in dem das Volk Israel den Herrn verehren sollte. In diesem Tempel gab es keine Bilder oder Statuen – gemäß dem Zweiten Gebot „Du sollst dir kein Bildnis von mir machen". Als größtes Heiligtum wurde in einem gesonderten Raum die Bundeslade mit den Gesetzestafeln verwahrt. Nur der Hohepriester durfte ihn betreten und dies auch nur einmal im Jahr.

Salomo war ein weiser und friedliebender König. Streit mit Nachbarstämmen versuchte er auf dem Verhandlungsweg statt mit Krieg zu lösen. Unter seiner Regentschaft blühte Israel auf. Nach seinem Tod um das Jahr 930 v. Chr. war es damit allerdings vorbei: Das Reich wurde zwischen seinem Sohn Rehabeam und einem Feldherrn namens Jerobeam aufgeteilt und zerfiel in die Länder Juda im Süden, dessen Zentrum Jerusalem blieb, und Israel im Norden mit der Hauptstadt Samaria. Das schwächte beide Reiche, die untereinander immer wieder über Land und Fragen des Kultes stritten, und machte sie für Feinde von außen angreifbar.

DAVID GEGEN GOLIATH
Eine der bekanntesten Erzählungen der Bibel über David ist die von seinem Kampf gegen Goliath: Der war ein wegen seiner Größe und Kraft gefürchteter Krieger der Philister und bedrohte Judäa. Keiner wagte es, sich ihm im Kampf zu stellen. Der junge, kleingewachsene David trat gegen diesen Riesen mit Stein und Schleuder an und besiegte ihn mit einem Treffer auf die Stirn.

Die Zerstörung des Ersten Tempels

Dem Nordreich der Israeliten gehörten zehn Stämme an. Sein erster König war Jerobeam. Er ließ mehrere Tempel errichten, in denen neben Gott, dem Herrn, auch andere Götter und Göttinnen verehrt wurden. Ihm folgten in den nächsten 240 Jahren viele Herrscher. Seit Jerobeams Zeit traten die ersten Propheten auf, deren Worte schriftlich festgehalten wurden. Diese Boten Gottes wie Hosea oder Amos mahnten die Menschen der zehn Nordstämme, zum Glauben an den Gott ihrer Väter zurückzukehren, andernfalls werde der sie hart bestrafen.

Doch sie fanden kein Gehör, und so ließ die Strafe Gottes nicht lange auf sich warten: Die Assyrer fielen ins Nordreich ein, siedelten dort Menschen aus anderen Völkern an und vertrieben die zehn Stämme Israels. Diese kehrten nie wieder zurück. Seitdem trauern die Juden um ihre zehn verlorenen Stämme.

Auch im Südreich Juda traten Propheten auf. Die bedeutendsten waren Micha, Jesaja, Jeremia und Hesekiel. Sie legten die religiösen und kultischen Gebote aus und mahnten, den Tempel in Jerusalem von gottesfeindlichen Einflüssen rein zu halten. Die Könige des Südreichs gehörten alle dem Stamm Juda an. Einer der wichtigsten war Josia, der streng auf die Einhaltung der Glaubensregeln achtete. Kultstätten außerhalb Jerusalems ließ er zerstören. Der Tempel sollte das alleinige Zentrum für die Verehrung Gottes bleiben. Schließlich drangen die Assyrer auch ins Südreich vor. Doch weil sich die Juden ihrer Macht beugten, konnten sie bleiben und ihre Religion weiterhin ausüben. Damit war es vorbei, als die Babylonier in das Land einfielen. 597 rückten sie bis nach Jerusalem vor. Sie nahmen den König und die Angehörigen der Oberschicht gefangen und verbannten sie nach Babylon. In Jerusalem setzten sie einen neuen König namens Zedekia ein. Als der sich aber gegen die fremde Macht stellte, nahm das babylonische Heer im Jahr 586 die Hauptstadt ein. Es plünderte und zerstörte den Tempel, das Heiligtum der Juden, und raubte die Bundeslade, die seitdem verschollen ist. Ein Teil der jüdischen Bevölkerung floh nach Ägypten, die meisten aber wurden nach Babylon verschleppt.

Damit endete nach vier Jahrhunderten das Königreich aus dem Stamme Davids und die Juden verloren ihr Gelobtes Land. Mit dem babylonischen Exil begann ihr Leben in der Diaspora. Diaspora heißt so viel wie „Zerstreuung".

Das babylonische Exil

Anders als die Assyrer im Nordreich tolerierten die Babylonier den Glauben und Kult der Juden in ihrem Land. Die wurden nicht wie die Nordstämme in alle Winde verstreut, sondern erhielten ein gemeinsames Siedlungsgebiet. Da die Juden mit dem Jerusalemer Tempel die Stätte zur Verehrung Gottes verloren hatten, versammelten sie sich zu Wortgottesdiensten, bei denen sie sich mit der Tora beschäftigten und zum Herrn beteten. Möglicherweise entstanden im babylonischen Exil die ersten Synagogen, die Gebetshäuser der Juden, wie es sie heute fast überall gibt, wo Juden leben.

539 wurde Babylon von den Persern erobert. Deren Herrscher erlaubten den Israeliten schließlich die Rückkehr nach Jerusalem. Mehr noch: Im Jahr 515 konnten sie dort an der Stelle des ersten einen neuen, zweiten Tempel bauen. Das zentrale Heiligtum aber, die Bundeslade, fehlte. Doch nicht alle Juden ließen

DIASPORA
Das Wort Diaspora bezeichnet heute nicht nur die Zerstreuung der Juden, sondern steht generell für religiöse Minderheiten in einem fremden Land, zum Beispiel auch für christliche Protestanten in sonst katholischen Regionen und umgekehrt.

sich im Gelobten Land nieder, etliche gingen nach Ägypten oder blieben in Babylonien und gründeten dort große jüdische Gemeinden. Herren im eigenen Land wurden die Juden nicht mehr. Indem sie sich später Alexander dem Großen und seinen Nachfolgern, den Ptolemäern, unterwarfen, verhinderten sie aber, dass in ihrem kleinen „Tempelstaat" ein fremder Statthalter eingesetzt wurde. Zur Zeit der Ptolemäer, die wie Alexander aus Griechenland stammten, wurde die hebräische Bibel ins Griechische übersetzt.

SEPTUAGINTA
Angeblich übersetzten 72 gelehrte Juden die hebräische Bibel in 72 Tagen ins Griechische. Deshalb wird sie auch Septuaginta („Siebzig") genannt.

Zerstörung des Zweiten Tempels und Vertreibung

Ende des 2. Jahrhunderts v. Chr. eroberten die Seleukiden die Region. Anfangs behielten die Juden ihre Unabhängigkeit, doch das änderte sich auf schreckliche Weise, als Antiochos IV. an die Macht kam: Er ließ den Tempelschatz plündern und verbot im Jahr 167 die Ausübung der jüdischen Religion. Auch die Beschneidung und die Einhaltung der Sabbatruhe wurden untersagt. Den Tempel machte er zur Opferstätte für den Gott Zeus. Die Juden wurden gezwungen, ihn zu verehren. Wer sich weigerte, wurde hart bestraft. Schließlich kam es zu einer Revolte, die als Makkabäeraufstand in die Geschichte einging: Unter einem Mann namens Judas Makkabäus wurde der Tempel zurückerobert, und für kurze Zeit erlangte Juda wieder die Unabhängigkeit.

Dann bekamen es die Juden wieder einmal mit einer neuen Fremdherrschaft zu tun: Im Jahr 63 v. Chr. brachten die Römer das Land in ihre Gewalt. Das von da an Judäa genannte Gebiet erhielt mit Herodes dem Großen zwar einen eigenen König, aber von Gnaden Roms. Über der Frage, wie sie es mit dem Gehorsam gegenüber den Besatzern halten sollten, zerstritten sie sich untereinander. In diese unruhige Zeit wurde Jesus von Nazareth geboren, den seine Anhänger für den ersehnten „Messias" hielten.

Erst schlossen sich dem als Juden geborenen Jesus einige wenige, dann immer mehr Menschen an. Viele Juden ließen sich taufen und wurden dadurch zu Christen. Im Heiligen Land der Juden entstand eine neue Religion. Aber auch der Widerstand gegen die Römer wuchs. Im Jahr 70 wurde schließlich der Zweite Tempel in Jerusalem von den Besatzern zerstört. Nur eine steinerne Wand blieb übrig: die Klagemauer, an der gläubige Juden noch heute in Jerusalem beten. Eine

DER MESSIAS
Der Messias oder hebräisch „Maschiach" (der Gesalbte) der Juden ist ein Mensch ohne göttliche Eigenschaften. Als Spross aus dem Stamme Juda ist er Nachkomme von David, Jeremia, Samuel und Salomon. Er wird kommen, wenn das Weltende bevorsteht, einen neuen Tempel bauen, die Toten erwecken und der Welt Frieden bringen, indem er die Menschheit zum Glauben an Gott führt.

Gruppe von Juden, 960 Frauen, Männer und Kinder, verschanzte sich nach dem Verlust des Tempels auf der Festung Masada auf einem 300 Meter hohen Felsplateau in der Wüste unweit des Toten Meeres. Masada galt als uneinnehmbar. Nach drei Jahren aber wurde ihre Lage aussichtslos und sie begingen Massenselbstmord, um nicht den Römern in die Hände zu fallen. Im Jahr 132 gab es noch einmal einen großen Aufstand gegen die Besatzungsmacht, benannt nach dem Anführer Bar Kochba. Schließlich wurde den Juden untersagt, weiterhin in Jerusalem zu leben. Die Provinz Judäa wurde in Palästina umbenannt. Nur wenige Israeliten blieben in der verlorenen Heimat. Als die im 7. Jahrhundert von den Arabern erobert wurde, waren die Juden wegen ihres Glaubens an „die Bücher" – die Heilige Schrift – anfangs geachtet. Bei den Kreuzzügen im Mittelalter aber zogen Ritter gen Jerusalem. Sie sollten im Auftrag der Päpste die auch für die Christen Heilige Stadt zurückerobern. Schon auf dem Weg dorthin richteten sie Massaker unter den Juden an. Damals wanderten viele Juden aus.

Judentum in der Diaspora

Wo die Juden sich niederließen, bauten sie Synagogen, was „Versammlungsort" heißt. Dort wurde und wird ihre Heilige Schrift, die Thora, aufbewahrt. Gestaltet wurden diese Gebetshäuser nicht nach besonderen Vorschriften, sondern nach der Kultur und Architektur der jeweiligen Region. Es gab und gibt getrennte Bereiche für Männer und Frauen. Eine Außenwand des Gebäudes wird häufig nicht verputzt – als Erinnerung an den zerstörten Tempel. In der Synagoge legen Rabbiner die Schrift aus. Das waren und sind keine „Priester", wie die Hohepriester in Jerusalem, sondern Gelehrte, die von den Gemeinden als Vorsteher gewählt wurden. Sie stehen den Gläubigen auch mit Rat und Tat in Fragen des Alltagslebens und als Seelsorger zur Seite.

Die Mehrheit der heute lebenden Juden sind Nachfahren der Aschkenasim (osteuropäische Juden) oder der Sephardim. So wurden die westlichen Juden mit Beginn der Diaspora genannt. Aus diesen beiden Traditionen haben sich im Laufe des 2. Jahrtausend n. Chr. verschiedene Strömungen entwickelt: das orthodoxe, das „chassidische" sowie das Reform- und das konservative Judentum. Sie unterscheiden sich durch die Strenge, mit der die überlieferten religiösen Vorschriften beachtet werden: Die orthodoxen Juden (orthodox heißt rechtgläubig) halten streng an den biblischen Traditionen fest und befolgen alle Vorschriften der Tora wie zu Zeiten der Glaubensväter. Frauen müssen in der Synagoge getrennt von den Männern sitzen und dürfen nicht die heiligen Schriften studieren, geschweige denn aus der Tora lesen. In Jerusalem gibt es ein ganzes Viertel, in dem ultra-orthodoxe Juden leben, es heißt Mea Schearim. Die Männer sind an Schläfenlocken zu erkennen, die sie unter ihren Hüten oder der Kippa, einer Kappe, tragen. Die Frauen müssen ihr Haupt bedecken. Ultra-orthodoxe Jüdinnen, die anderswo leben, verbergen ihr Haar unter einer Perücke. Besonders viele ultra-orthodoxe Juden gibt es in den USA, wo mit 5,7 Millionen Menschen jüdischer Abstammung ohnehin fast so viele von ihnen leben wie im Staat Israel (rund 6,1 Millionen).

Im 18. Jahrhundert schlossen sich – vor allem in Osteuropa, in der Ukraine und Polen – die Chassidim ("die Frommen") zusammen. Sie lebten ihre Religion ausgelassen und fröhlich und verstanden neben dem Gebet auch Gesang und Tanz als lebensbejahenden Gottesdienst. Mit der Verfolgung der osteuropäischen und russischen Juden im 20ten Jahrhundert starb dort auch der Chassidismus. Die meisten Chassidim leben heute in den USA.

In Deutschland entstand im 19. Jahrhundert das Reformjudentum: Seine Angehörigen passen die Glaubens- und Lebensregeln weitgehend der Gegenwart an, feiern ihre Gottesdienste in der Sprache des Landes, in dem sie leben, und modernisierten die Liturgie, die Gottesdienstordnung. Die Reformjuden lassen auch Frauen zum Rabbinat zu. Ihr Lebensziel ist es nicht mehr, nach Israel zurückzukehren. Sie sehen das Land, in dem sie leben, als ihre Heimat an.

Konservative Juden fühlen sich nach wie vor stark an die rituellen Vorschriften der Tora gebunden, aber bei weitem nicht so streng wie die Orthodoxen.

Als religiös-politische Bewegung entstand Ende des 19. Jahrhunderts der Zionismus. (Zion ist der biblische Name für den Tempelberg in Jerusalem, wird aber auch für die Heilige Stadt oder das Land verwendet.) Begründet wurde diese Bewegung von Theodor Herzl, der von 1860 bis 1904 lebte. Wegen der nicht enden wollenden Verfolgung seiner Glaubensschwestern und -brüder überall auf der Welt forderte er die Gründung eines eigenen, demokratischen Staates. Für Juden aus aller Welt war das Anlass, ins Gelobte Land der Bibel, ins einstige Israel, zurückzukehren. Das führte in kurzer Zeit zu schweren Konflikten mit den dort

JUDEN IN EUROPA
In Köln wurde die erste jüdische Gemeinde bereits im 4. Jahrhundert erwähnt, es folgten Speyer und Worms. Amsterdam galt eine Zeitlang sogar als Jerusalem Europas, weil dort so viele Juden lebten.

heimischen Arabern, den Palästinensern. Das Land stand damals unter britischem Protektorat und wurde 1947 willkürlich zwischen Palästinensern und Israelis aufgeteilt. 1948, nach dem Holocaust, der Vernichtung von sechs Millionen Juden durch die deutschen Nationalsozialisten unter Adolf Hitler, stimmten die Vereinten Nationen der Gründung eines Staates Israel zu. Auf Frieden aber warten die Menschen dort noch immer: Seit der Gründung des politischen Judenstaats bekämpfen sich Israelis und die großteils islamischen Palästinenser. Dieser Streit ist ein politischer um das Land und nicht um den Glauben. Der Staat Israel ist säkular – also religiös neutral. Schließlich leben dort auch viele nicht-gläubige Juden und Anhänger anderer Religionen. Immer wieder neu entfacht wird dieser Streit unter anderem dadurch, dass die Regierung ihre jüdischen Bürger nicht daran hindert, Land zu besiedeln, das eigentlich nicht zu Israel gehört. Extremisten und Fundamentalisten beider Seiten missbrauchen die Religion dazu, die Menschen gegeneinander aufzubringen. Um Gewalttäter abzuhalten, ließ der Staat Israel eine hohe Mauer quer durchs Land ziehen und sperrte dadurch Palästinenser aus. Aber auch dies ist eine Frage von Macht und Politik und nicht des Glaubens.

gelebter glauben

Wie in jeder Religion spielt auch im Judentum das Gebet eine wichtige Rolle. Jeder Gläubige soll dies dreimal am Tag tun: morgens, mittags und abends, am besten mit anderen. Beim Gebet wenden sich Juden gen Jerusalem. Am Sabbat und an hohen Feiertagen ist der Besuch der Synagoge Pflicht.

Eigentlich ist das Judentum, gemäß dem Gebot: „Du sollst dir kein Bildnis machen", eine Religion ohne Symbole. Eine Ausnahme ist die Menora, der siebenarmige Leuchter, der in jeder Synagoge steht. Als Gott Mose seine Gebote verkündete, wies er ihn auch an, einen metallenen Leuchter mit sieben Armen anzufertigen. Die Menora wurde reich verziert mit Blumen, Früchten und Zeichen für die Begründer der zehn Stämme. Während der Wanderung durch die Wüste wurde sie im Zelt mit der Bundeslade aufgestellt. Später fand sie Platz im Jerusalemer Tempel. Das Licht der sieben Leuchten steht für die Tora, die göttlichen Gebote in einer häufig finsteren Welt. Ein anderes jüdisches Zeichen ist der Davidstern mit sechs Zacken, für die zwei Dreiecke übereinander gezeichnet werden. Er ist aber kein biblisches Zeichen. Hexagramme dieser Art gab es in vielen alten Kulturen und Religionen zur Abwehr des Bösen. In Jerusalemer Zeit zierte es Schmuck. Erst im 17. Jahrhundert machte die Prager jüdische Gemeinde den Davidstern zum Symbol ihres Glaubens. Im Dritten Reich zwangen die Nationalsozialisten die Juden, zur Brandmarkung einen gelben Stern auf der Kleidung zu tragen.

TORA
Noch heute wird die Tora von Hand auf besonderes Papier geschrieben und auf zwei Stäben aus Holz oder edlem Metall aufgerollt. Diese Papierrollen sind das Heiligste in den jüdischen Synagogen und dürfen nicht berührt werden.

Die Heiligen Bücher

Der wichtigste Teil der hebräischen Bibel ist die Tora (Weisung), die Fünf Bücher Mose. Sie werden auch Pentateuch (griech.: Fünfbücherrolle) genannt, weil sie auf fünf Papierrollen aufgeschrieben sind.

Das erste Buch Mose, die Genesis, beginnt mit der Schöpfung der Welt durch Gott in sechs Tagen. Am siebten, dem „Sabbat", ruhte er sich davon aus. Gott schuf auch die ersten Menschen, Adam und Eva. Sie lebten ursprünglich im Paradies. In diesem riesigen „Garten" gab es alles, was sie zum Leben brauchten. Nur eines hatte er ihnen versagt: Die Früchte von einem bestimmten Baum, dem Baum der Erkenntnis, zu essen. Eine Schlange, die seitdem für das Sinnbild des Bösen steht, verführte Eva aber dazu, eine Frucht, in der Kunst wird sie später meist als Apfel dargestellt, zu pflücken und gemeinsam mit Adam zu verspeisen. Zur Strafe wurden sie von Gott aus dem Paradies vertrieben. Auch die Nachkommen Adams und Evas lebten nicht immer so, wie Gott das wollte. Deshalb beschloss er, mit Noah, einem rechtschaffenen und gottesfürchtigen Mann, einen neuen Anfang zu machen. Ihn wies er an, ein hölzernes Schiff zu bauen: die „Arche Noah". Er trug ihm auf, seine Familie und von jeder Tierart ein Paar an Bord zu nehmen und die Arche fest zu verschließen. Dann ließ Gott eine große Sintflut über die Erde niedergehen, die alles Leben vernichtete. Als das Wasser wieder gesunken war, öffnete Noah die Arche und ging mit seiner Gefolgschaft an Land, um die Erde neu zu besiedeln.

Mit Abraham erneuerte Gott viele Generationen später den Bund, den er mit Noah geschlossen hatte. Die Genesis endet mit dem Tod Josefs, eines Nachfahren Abrahams.

Das zweite Buch Mose heißt Exodus: Es berichtet über die Geburt Mose, die Leidenszeit der Israeliten im Land des Pharaos und den Auszug aus Ägypten bis hin zur Übergabe der Zehn Gebote auf dem Berg Sinai.

Das dritte Buch Mose trägt den Titel Levitikus nach den Leviten. Dieser Stamm war beim Zug durch die Wüste für die Einhaltung und Ausübung des von Gott vorgeschriebenen Kultes zuständig. Es enthält Vorschriften für den Priester-, Tempel- und Opferdienst, Riten und Reinheitsgebote für die Menschen und die religiösen Feste.

Im vierten Buch namens Numeri geht es um die Zählung der wehrfähigen Israeliten, das war so etwas wie eine militärische Musterung. Es berichtet über die Wanderung der Stämme Israels vom Sinai nach Kanaan und darüber, dass und wie Gott Verstöße gegen seine Regeln bestraft, aber auch, dass er seinen „Kindern" immer wieder verzeiht, wenn sie zum rechten Glauben zurückkehren.

HAGGADA
Die Haggada dient den Juden als Gebetbuch beim Pessachseder, dem Abend des Pessachfestes. In ihr wird die biblische Geschichte ihres Volkes erzählt, und sie enthält Segenssprüche sowie Psalmen.

Im Deuteronomium, dem fünften Buch, verkündet Mose noch einmal die göttlichen Gesetze. Es endet mit Moses Tod.

Früher glaubten die Juden, die nach Mose benannten fünf Bücher stammten aus seiner Feder. Heute geht man davon aus, dass die darin festgehaltenen Überlieferungen erst mündlich weiter gegeben wurden und jüdische Priester vermutlich im babylonischen Exil damit begannen, sie schriftlich festzuhalten.

Neben der Tora enthält die hebräische Bibel die Bücher der Geschichte des Volkes Israel nach der Zeit des Mose, Weisheiten und Psalmen sowie 19 Bücher der Propheten, durch die Gott zu den Menschen gesprochen hat.

Der Talmud (= Lehre), das nach der Tora wichtigste Buch des Judentums, entstand erst in nach-biblischer Zeit im Laufe mehrerer Jahrhunderte. In ihm wurde die Tora von geistlichen Gelehrten und Rabbinern ausgelegt. Alle jüdischen Gesetze sind darin gesammelt: die zur Landwirtschaft, Segenssprüche, die Pflicht zur Unterstützung der Armen, Vorschriften zum Sabbat, Fest- und Feiertage und wie die Juden sie begehen sollen, Regeln für die Ehe, Strafen, Anweisungen für den Kult und zur rituellen Reinigung. Die Gesetzestexte heißen Halacha, der erzählende Teil im Talmud ist die Haggada.

DER HERR IST MEIN HIRTE, NICHTS WIRD MIR FEHLEN
psalm 23

Der jüdische Lebenslauf

Eigentlich kann man zum Judentum nicht übertreten, denn als Jude wird man geboren: Wer eine jüdische Mutter hat, ist automatisch Jude. Auf die Mutter kommt es an, weil ja nur die Abstammung von ihr wirklich gesichert ist. Dadurch gehört das Neugeborene zu den Nachkommen Abrahams, Isaaks und Jakobs als „Kind Israels". Das heißt aber nicht, dass aus diesem Kind ein gläubiger Jude wird. Glauben lässt sich bekanntlich nicht erzwingen. Deshalb sind auch gebürtige Juden

darin frei, sich dieser Religion anzuschließen und ihr zu folgen oder nicht. Ein neugeborenes jüdisches Kind wird – wenn es ein Junge ist – an seinem achten Lebenstag beschnitten, als Zeichen dafür, dass es dem Bund Gottes mit Abraham angehört. Diese Brit Mila genannte Zeremonie ist für die Familien ein großes Fest. Mädchen werden in die jüdische Gemeinschaft aufgenommen, indem der Vater am Sabbat nach der Geburt in der Synagoge ihren Namen verkündet, wenn er zur Lesung der Tora aufgerufen wird.

Das erste Gebet, das jüdische Kinder lernen, ist das israelische Glaubensbekenntnis Schema Israel, das morgens und abends gesprochen wird. Es beginnt mit den Worten: „Höre Israel: der Herr unser Gott, der Herr ist einzig."

Missionierung, also den Versuch, Nicht- oder Andersgläubige zu bekehren, gibt es im Judentum nicht. Wer freiwillig kommt, wird aber nicht abgewiesen. Nur Angehörige des orthodoxen Judentums lehnen Konvertiten ab. Die anderen nennen sie „Proselyten" (Hinzugekommene). Ein Rabbiner, der Vorsteher einer jüdischen Gemeinde, prüft, ob sie es wirklich ernst meinen und bereit sind, die Ge- und Verbote zu befolgen. Sie werden ein Jahr lang in der Tora unterrichtet und müssen alles über die jüdische Geschichte, Riten und Vorschriften des Judentums lernen. Nach einer Prüfung werden sie aufgenommen. Die Männer werden dann beschnitten. Männer und Frauen vollziehen ein rituelles Tauchbad, entweder in einem Fluss oder See oder in einer Mikwe, einem eigens für rituelle Zwecke gebauten Bad. Gebürtige Jüdinnen tauchen das erste Mal vor ihrer Eheschließung in der Mikwe unter und reinigen sich dann

TAUFE
Aus dem rituellen Tauchbad der Juden entstand im Christentum die Taufe als Initiationsritus zur Aufnahme in die christliche Glaubensgemeinschaft.

rituell jeden Monat nach der Menstruation, während der sie als unrein gelten, in einem solchen Tauchbad.

Der nächste wichtige Tag im Leben eines jüdischen Jungen ist sein 13. Geburtstag, die Bar Mizwa (das bedeutet „Sohn der Pflicht"). An diesem Tag wird er als religionsmündig in die jüdische Glaubensgemeinschaft aufgenommen. Zum Morgengebet werden ihm zum ersten Mal die beiden Tefillin, die schwarzen Gebetsriemen, angelegt. Einer davon wird um den Kopf gebunden, als Zeichen dafür, dass der Betende tief mit seinem Glauben verbunden ist. Ein zweiter Gebetsriemen umgürtet den linken Arm, weil der dem Herzen am nächsten ist. In der Synagoge tragen Männer neben einer Kippa, einer kleinen Kappe auf dem Hinterkopf, außerdem häufig einen Gebetsmantel, an dessen Brustseite Quasten mit fünf Knoten hängen. Sie symbolisieren die fünf Bücher Mose. Am Sabbat nach der Bar Mizwa darf ein „Sohn der Pflicht" erstmals vor der Gemeinde aus der Tora lesen.

Im reformierten Judentum feiern die Mädchen mit zwölf Jahren Bat Mizwa („Tochter der Pflicht"). Die Orthodoxen lehnen das ab.

Bereits bei der Brit-Mila-Zeremonie wünschen Juden dem Säugling, er möge zur Ehe heranwachsen. Heirat und Elternschaft gelten im Judentum als von Gott gewollt. Deshalb ist die Trauung eines Paares eine festliche Zeremonie. In traditionellen Familien ist die Braut reich geschmückt. Sie und der Bräutigam stehen unter einer Chuppa, einem Traubaldachin. Ein Rabbiner segnet das Paar, verliest den Ehevertrag und reicht den Brautleuten ein Weinglas, das der Bräutigam zu Boden wirft und zertritt – als Erinnerung an die Zerstörung des Tempels in Jerusalem. Die Hochzeitsgäste wünschen dem Paar danach Masel tow – viel Glück!

Stirbt ein Jude, sollte er drei Tage nach seinem Tod begraben werden. Der Sohn des oder der Verstorbenen spricht das Kaddisch, das Totengebet. Als Zeichen der Trauer zerreißen die Angehörigen auf dem Friedhof ihre Kleidung. Dem Begräbnis folgt eine siebentägige Trauerzeit, die Schiwa, während der die Hinterbliebenen weder arbeiten, noch aus der Tora lesen dürfen. Die wird schließlich als Quell der Freude verstanden. Nur traurige Geschichten, zum Beispiel über die Qualen, die Gott dem biblischen Hiob auferlegte, oder Klagelieder sind erlaubt. Das Grab eines Juden gilt als „Haus der Ewigkeit" und darf nicht aufgelassen werden. Die Toten sollen darin ruhen, bis Gott den Erlöser schickt, der die Gräber öffnen und die Toten auferwecken wird.

ERHOBEN UND GEHEILIGT WERDE SEIN GROSSER NAME AUF DER WELT, DIE NACH SEINEM WILLEN VON IHM ERSCHAFFEN WURDE.

Beginn des Totengebets Kaddisch

Die wichtigsten Gesetze

Einschließlich der Zehn Gebote, die auch im Christentum Gültigkeit haben, regeln
613 Gebote und Verbote den gesamten Alltag der Juden. Sie sind in der Tora nie-
dergelegt und werden Mizwot (im Singular Mizwa) genannt. In keiner anderen
Religion gibt es so viele Regeln für nahezu jeden Lebensbereich. Die wichtigsten
religiösen Vorschriften sind die der Beschneidung der Söhne und die Einhaltung
der Sabbatruhe am siebten Tag der Woche. So wie Gott am siebten Tag nach der
Schöpfung ruhte, sollen auch die Juden am Sabbat innehalten. Sie begehen ihn am
Samstag. Für sie ist das der letzte Wochentag. Sobald am Freitagabend die Sonne
untergeht, beginnt die Sabbatruhe. Von da an ist bis zum Samstagabend jede Arbeit streng untersagt, sogar Feuer zu machen, also zu kochen. Am Freitagabend
versammelt sich die ganze Familie zu einem feierlichen Mahl, das vorgekocht und
warm gehalten wurde. Die Mutter entzündet Kerzen am Tisch, der Vater oder der
älteste Sohn segnet den Wein und reicht das Sabbatbrot herum. Es besteht aus ge-
flochtenen Teigsträngen. Eigentlich sollen Juden jeden Tag in der Synagoge beten,
wofür mindestens zehn Gläubige (in orthodoxen Gemeinden zehn Männer), die
älter als 13 Jahre sind, versammelt sein müssen. Am Sabbat aber ist es Pflicht, der
Toralesung in der Synagoge zu folgen.

Für gläubige Juden gelten strenge Speisegesetze: Essen muss „koscher", das jid-
dische Wort für rein, sein. Eines der wichtigsten Reinheitsgebote ist die Trennung
von milchiger und fleischiger Küche: Fleisch darf weder bei der Zubereitung noch
beim Verzehr mit Milchprodukten in Berührung kommen. In streng jüdischen
Haushalten gibt es sogar extra Geschirr für die Zubereitung und den Genuss von
fleischigen und milchigen Speisen.

Bei Tieren wird streng unterschieden zwischen reinen und unreinen. Im Buch
Levitikus der Bibel heißt es dazu: „Alle Tiere, die gespaltene Klauen haben, Paar-
zeher sind und wiederkäuen, dürft ihr essen." Trifft eines dieser Merkmale nicht zu,
ist das Fleisch nicht koscher. So ist etwa Schweinefleisch verboten, weil ein solches
Tier zwar gespaltene Hufe hat, aber nicht wiederkäut. Weiter heißt es: „Alle Tiere
mit Flossen und Schuppen, die im Wasser, in Meeren und Flüssen leben, dürft ihr
essen." Vögel dürfen mit Ausnahme von Greifvögeln gegessen werden. Auch der
Verzehr von Blut ist Juden streng untersagt. Deshalb werden Tiere durch Schächten geschlachtet: Halsschlagader, Luft- und Speiseröhre müssen dabei mit einem

SABBAT
Auch das Einschalten von
Strom gilt strenggläubigen Juden als Feuermachen. Deshalb
darf am Sabbat kein elektrisches Gerät betätigt werden.
In jüdischen Hotels stehen am
Sabbat alle Fahrstühle still, es
sei denn, sie wurden vor Sab-
batbeginn so programmiert,
dass sie automatisch in jedem
Stockwerk anhalten.

exakten Schnitt durchtrennt werden, damit das Tier schnell völlig ausblutet. Lebensmittelgeschäfte und Restaurants dürfen sich nur koscher nennen, wenn sie sich regelmäßig der Prüfung eines Rabbiners unterziehen.

Jüdische Feiertage

Wie in jeder Religion gibt es auch im Judentum im Jahresverlauf wichtige religiöse Fest-, Gedenk- und Fastentage. Jeder Feiertag beginnt schon am Abend des Vortages, weil ein neuer Tag nach der Bibel mit dem Sonnenuntergang beginnt.

Der erste Feiertag des jüdischen Jahres ist Rosch Haschana, das Neujahrsfest. An diesen zehn Tagen der Buße rufen sich die Juden ihre Verfehlungen und Sünden des vergangenen Jahres in Erinnerung und nehmen sich vor, im neuen Jahr gottgefälliger zu leben. Mit dem Blasen des Schofar, eines Widderhorns, wird zur Buße gerufen. Rosch Haschana endet mit dem Tag der Versöhnung, Jom Kippur. Dieser Fastentag ist der wichtigste Festtag des Jahres.

Sukkot, das Laubhüttenfest, wird fünf Tage danach gefeiert. Wer einen Garten oder Balkon hat, baut darin eine Hütte aus Zweigen auf und schmückt sie mit Früchten. Auch in der Synagoge wird eine solche Hütte aufgestellt – in Erinnerung an die provisorischen Unterkünfte des biblischen Volkes während seiner Wanderschaft von Ägypten ins Gelobte Land. Am letzten Abend von Sukkot werden die Torarollen feierlich durch die Synagoge getragen.

Die Feier von Chanukka ist ein achttägiges Lichterfest zum Gedenken an die Wiedereinweihung des Zweiten Tempels. Damals wollten die Juden die Lichter der Menora anzünden, fanden aber nur einen einzigen unversehrten Krug mit Öl für nur einen Tag. Trotzdem brannte die Lampe acht Tage lang. An Chanukka werden deshalb die Kerzen an einem neunarmigen Leuchter entzündet, an jedem Tag eine weitere, die neunte Kerze dient dem Anzünden.

An den Auszug der Israeliten aus Ägypten erinnert das achttägige Pessach-Fest. In diesen acht Tagen essen die Juden nur Mazzot, ungesäuertes Brot, so wie die Zwölf Stämme Jakobs, denen vor dem Exodus keine Zeit blieb, Sauerteig zum Brotbacken anzusetzen. Das gesamte Sedermahl, wie das Festessen an Pessach heißt, hat mit diesem Auszug zu tun: Es gibt ein Stück gebratenes Fleisch in Erinnerung an das Lamm, das die Israeliten opfern sollten, Meerrettich oder andere bitter-herbe

REIN UND UNREIN
Die Reinheitsge- und Essenverbote machten in biblischen Zeiten im Lebensraum der Juden durchaus Sinn: Greifvögel etwa sind wichtige Aasfresser, Frösche vertilgen schädliche Insekten. Blut zersetzt sich schnell in der Hitze und verdirbt so auch das Fleisch, ebenso wie Bakterien auf Milchresten in unglasiertem Tongeschirr.

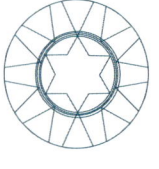

Kräuter als Symbol für die bitteren Jahre in der Sklaverei und ein Mus aus Äpfeln und Nüssen, dessen Farbe der der Ziegel ähnlich ist, die sie zum Bau der Häuser des Pharaos brennen mussten. Jede Speise wird in Salzwasser getaucht. Es steht für den Schweiß und die Tränen, die das biblische Volk in der Knechtschaft vergossen hat. Am Pessachfest wird aus der Haggada gelesen, dem Teil der Bibel, der vom Auszug aus Ägypten erzählt. 50 Tage nach Pessach erinnert das Fest Schawuot an den Tag, an dem Mose auf dem Berg Sinai die Zehn Gebote von Gott bekam.

Purim im Februar/März ähnelt unserem Fasching oder Karneval: Es gibt Tanz-veranstaltungen und Umzüge, die Kinder verkleiden sich. Purim heißt Los – und mit einem Los entschied ein persischer Minister in biblischer Zeit darüber, ob er die Juden töten lassen würde oder nicht. Das Los sagte Nein – und darüber freuen sich die Juden noch heute.

PESSACH
Pessach war ursprünglich ein Wallfahrtsfest: Zur Zeit der Tempel zogen die Juden aus ganz Israel nach Jerusalem, um dort ihre Opfer zu bringen.

Das schwere Los der Juden

Seit der Zerstörung des Zweiten Tempels und der Diaspora, der Zerstreuung der Juden in die ganze Welt, waren sie immer wieder Verfolgung, Ächtung und Ver-nichtung ausgesetzt. Als Jude zu leben und sich als solcher zu erkennen zu geben war oft lebensgefährlich. Auch heute noch gibt es Antisemitismus: Hass und Vor-urteile gegen die Angehörigen des auserwählten Volkes. Bereits im Mittelalter – und zuerst in Italien – lebten Juden in so genannten Gettos, abgetrennten Wohn-vierteln, die nachts oft verschlossen wurden. Ursprünglich suchten die Israeliten selbst die enge Gemeinschaft, weil es ihnen so leichter fiel, im Exil, beginnend mit der babylonischen Gefangenschaft, an ihrem Glauben festzuhalten und nach ihren strengen Vorschriften zu leben. Bald aber wurden sie bewusst von der christlichen Bevölkerung ausgegrenzt: Die warf ihnen vor, sie seien Schuld an Jesu Tod. Sogar Päpste und auch Martin Luther riefen zur Judenver-folgung auf. Oft genügte als Auslöser für Judenhass, dass die Bibel sie das auserwählte Volk Gottes nennt. Dadurch fühlten sich Menschen anderer Glaubensrichtungen provoziert.

Respekt haben Juden schon allein deshalb verdient, weil sie trotz al-ler Verfolgungen und dem Leid, dem sie in ihrer Geschichte von Beginn an ausgesetzt waren, den Glauben an ihren Gott nie verloren haben.

christentum

CHRISTENTUM

Weihnachten und Ostern – diese Feste kennt man in der ganzen Welt: An Weihnachten feiern Christen die Geburt des Mannes, mit dem diese Religion ihren Anfang nahm: Jesus Christus. An Ostern freuen sie sich, dass er drei Tage nach seinem Tod wieder auferstanden ist. Er starb am Kreuz – deshalb ist es das Symbol dieses Glaubens, das in christlichen Gegenden Straßen, Häuser und Kirchen ziert. Viele Christen bekreuzigen sich, wenn sie beten, manche tragen ein Kreuz an einer Halskette. Das Christentum ist mit zwei Milliarden Anhängern die größte der fünf Weltreligionen. Die ersten Christen wurden als Juden geboren, so wie Jesus von Nazareth, der mit seiner Lehre diesen Glauben begründet hat. Für die Christen ist er der Sohn Gottes, der als Mensch unter Menschen lebte – und der in der jüdischen Bibel verheißene Erlöser. Neben der hebräischen Bibel der Juden enthält die christliche einen zweiten Teil, das Neue Testament. Es berichtet über Jesu Leben und Lehre, und davon, wie seine Apostel den jungen Glauben in die Welt trugen. Jesu Botschaft war revolutionär: Für und vor Gott sind alle gleich, Arme und Reiche, Starke und Schwache, Gesunde und Kranke. Wer an ihn glaubt, dem wird seine Gnade zuteil. Er rief die Menschen auf, die Liebe Gottes selbst als Nächstenliebe weiterzugeben. Die Frohe Botschaft, wie die Lehre Jesu Christi, das Evangelium, heißt, gab auch den kleinen Leuten Hoffnung. Der Mensch Jesus zog sich damit aber den Zorn der hebräischen Schrift- gelehrten und der römischen Besatzer zu, die zu seiner Zeit Israel be- herrschten – zumal er sich König der Juden nennen ließ. Jesus wurde zum Tode verurteilt und gekreuzigt. Das größte Geheimnis des christlichen Glaubens ist Jesu Auferstehung und das von ihm versprochene Leben nach dem Tod für alle, die ihm nachfolgen.

das leben des Jesus von Nazareth

„Oh mein Gott! Lass ihm bloß nichts passiert sein!" Die junge Frau schickte verzweifelte Bittgebete zum Himmel. Wo war ihr Sohn? Vor drei Tagen hatten Maria und Josef den Zwölfjährigen das letzte Mal gesehen. Das war in Jerusalem. Dort hatten sie gemeinsam das Pessachfest gefeiert und Gott im Tempel ihr Opfer gebracht. Jedes Jahr gedachten die Juden an diesem Tag des Auszugs ihrer Vorfahren aus Ägypten und dankten Gott dafür, dass er das Volk Israel aus der Sklaverei befreit hatte. Wer immer es möglich machen konnte, pilgerte zu diesem Fest in die Hauptstadt. Dort, in Jerusalem, stand das größte Heiligtum der Juden, der Tempel.

An den Tagen rund um Pessach herrschte unglaubliches Gedrängel in der Stadt. Da konnte man sich leicht aus den Augen verlieren. Genau dies war Maria und Josef mit ihrem Sohn passiert. Sie waren bereits unterwegs auf dem Heimweg nach Nazareth in Galiläa, da bemerkten sie plötzlich: Jesus war weg! Erst dachten sie, er habe sich vielleicht Verwandten oder Bekannten im Pilgerstrom angeschlossen. Doch als er am Ende des Tages noch immer nicht bei ihnen auftauchte, wurden sie unruhig: Wo war ihr Sohn? Niemand hatte ihn gesehen. War er etwa allein in Jerusalem zurückgeblieben?

Voller Sorge kehrten Maria und Josef um. Drei Tage lang suchten sie die ganze Stadt ab. Doch der Junge war wie vom Erdboden verschluckt. Schließlich gingen

JESU KINDHEIT
Die Geschichte über den zwölfjährigen Jesus im Tempel ist das Einzige, was die Bibel über seine Jugend berichtet. Wahrscheinlich ist er aufgewachsen wie jedes jüdische Kind seiner Zeit und erlernte das Handwerk seines Vaters, der Zimmermann war.

die Eltern in den Tempel und trauten ihren Augen kaum: Da saß der Zwölfjährige zwischen Priestern und Gelehrten! Mehr noch: Wie ein Erwachsener diskutierte er mit ihnen über die Auslegung der Tora und die jüdischen Gesetze. Die hohen Herren staunten, wie gut er die Heilige Schrift kannte und welche Gedanken er sich darüber machte.

Maria wusste erst nicht: Sollte sie lachen oder weinen? Dann aber brach sich ihr Ärger Bahn und sie schimpfte mit Jesus: „Weißt du eigentlich, welche Angst wir um dich hatten? Du kannst doch nicht einfach zurückbleiben! Wir haben schon befürchtet, dir sei etwas passiert!" Jesus sah sie erstaunt an. Mit einem Schulterzucken sagte er: „Ihr hättet doch wissen müssen, dass ich ins Haus meines Vaters gehöre!"

Maria und Josef blickten sich fragend an: Was meinte er denn damit? Egal: Hauptsache, sie hatten ihn wohlbehalten zurück! Diesmal machten sie sich gemeinsam auf den Rückweg nach Nazareth im Norden Israels.

Menschenkind und Gottes Sohn

Eigentlich hätte Maria die Worte Jesu im Tempel verstehen müssen: Wusste sie doch, dass ihr Sohn kein gewöhnliches Kind war. Als sie mit Josef verlobt war, widerfuhr ihr eines Abends etwas Ungewöhnliches: Ein Engel erschien ihr. Sein Name war Gabriel. Er sprach zu ihr: „Sei gegrüßt, du Begnadete! Der Herr ist mit dir." Maria erschrak, doch der Engel beruhigte sie. Er kündigte an, sie werde einen Sohn gebären, den sie Jesus nennen sollte. Gott werde ihm den Thron Davids und die Herrschaft über das Volk Jakobs geben. Jesu Reich werde in alle Ewigkeit bestehen.

Diese Worte verwirrten Maria noch mehr. Sie fragte sich, wie das gehen sollte: Sie war doch noch Jungfrau, kein Mann hatte ihr beigewohnt. Daraufhin erklärte ihr der Engel: „Der Geist Gottes wird über dich kommen. Deshalb werden die Menschen Jesus auch Sohn Gottes nennen." Maria war gläubige Jüdin. Deshalb fügte sie sich und gelobte: „Ich bin die Magd des Herrn: Mir geschehe, wie du gesagt hast." Auch Josef erschien ein Engel und weihte ihn in das Geheimnis der göttlichen Empfängnis Marias ein. Erst war er schockiert: Was sollte das bedeuten? Hatte Maria ihn betrogen? Doch er war ein frommer Mann und beschloss, seine Braut nicht im Stich zu lassen. Er würde das Kind wie ein eigenes gemeinsam mit Maria großziehen.

Zu dieser Zeit befahl der römische Kaiser Augustus, dass alle Bewohner Palästinas gezählt werden sollten. Dafür musste jeder Mann in seinen Geburtsort zurückkehren, um sich dort in die Steuerlisten einzutragen. Der Zimmermann Josef stammte aus Bethlehem in Judäa. Obwohl Maria bereits hochschwanger war, machte er sich mit ihr dorthin auf. Als das Paar in Bethlehem ankam, war die Stadt voller Menschen. Alle Herbergen waren belegt und die beiden fanden keine Unterkunft. Ausgerechnet da kündigte sich die Geburt des Kindes an! In ihrer Not richtete Josef in einem Stall eine Lagerstätte und für das Kind, das kurz darauf zur Welt kam, eine Futterkrippe als Bett her. Dort hinein legte Maria ihren neugeborenen Sohn.

In den Tagen nach Jesu Geburt lagerten Hirten in der Nähe Bethlehems und bewachten ihre Herden. Eines Nachts erschien ihnen ein Engel und verkündete, dass in Bethlehem, der Stadt Davids, der Messias geboren worden sei – und mit ihm der Erlöser, auf den das Volk Israel so sehnsüchtig wartete. Das Himmelswesen beschrieb den Hirten, wo sie das Kind finden und woran sie es erkennen könnten. Sie machten sich sofort auf den Weg.

Unterdessen entdeckten drei Sterndeuter am Himmel eine ungewöhnliche Erscheinung: einen Stern, der einen Schweif hinter sich herzog. Für die weisen Männer war dieser Stern das Zeichen, dass der wahre König der Juden geboren worden war. Sie eilten nach Jerusalem, um dort zu erfahren, wo sie ihn finden konnten, denn sie wollten ihm ihre Ehre erweisen. Für König Herodes, den von den Römern eingesetzten Herrscher über Galiläa und Judäa, war dies keine gute Nachricht: Dieser „neue König" könnte ihm ja den Thron streitig machen! Herodes befragte die jüdischen Gelehrten, was in ihrer Heiligen Schrift über die Geburt des Messias vorhergesagt worden war, und vor allem, wo er zur Welt kommen sollte. „In der Geburtsstadt Davids", antworteten sie. Dies gab Herodes an die drei Weisen weiter. Sie mussten ihm allerdings versprechen, ihm auf dem Rückweg zu berichten, wo sie das Kind gefunden hätten. Denn auch er wolle es aufsuchen und

MARIENGRUSS
Mit dem „Ave Maria" (ave = lateinisch: sei gegrüßt) beten Christen zur Mutter Gottes. Es erinnert an die Worte des Engels, der Maria die Empfängnis des Gottessohnes angekündigt hat. Die Christen bitten Maria in diesem Gebet, bei Gott Fürsprache für sie einzulegen, aber auch, ihnen in Notsituationen zu helfen.

DER HISTORISCHE JESUS
Möglicherweise wurde die Geburt des historischen Jesus in den Schriften von Nazareth nach Bethlehem „verlegt", um der Verheißung Genüge zu tun, der Messias werde aus dem Geschlecht Davids hervorgehen, der in Bethlehem geboren worden war. Strittig ist auch Jesu Geburtsjahr, denn Herodes der Große starb bereits vier Jahre vor unserer Zeitzählung.

es anbeten. Das war freilich gelogen: Er dachte nicht im Traum daran, vor diesem „Konkurrenten" die Knie zu beugen. Er wollte das Kind töten!

Nichts ahnend brachen die drei Weisen nach Bethlehem auf. Und wieder zeigte sich der geschweifte Stern am Himmel: diesmal als Wegweiser. Sie fanden die Krippe, knieten vor dem Kind nieder und schenkten ihm das Kostbarste, was sie hatten: Gold, Weihrauch und Myrrhe. Als sie den Heimweg antraten, warnte sie ein Traum davor, nach Jerusalem zurückzukehren. Deshalb machten sie einen Bogen um die Stadt des Herodes.

Josef war nach dem hohen Besuch ein Engel erschienen: Der forderte ihn auf, rasch mit Frau und Kind nach Ägypten zu fliehen. Noch in der gleichen Nacht machte sich die Familie auf den Weg. Als Herodes merkte, dass ihn die drei Weisen hintergangen hatten, tobte er vor Wut: Er musste dieses Kind beseitigen! Also befahl er, alle Söhne in Bethlehem und Umgebung, die jünger als zwei Jahre waren, zu ermorden. Doch Jesus war ihm entkommen. Als die Gefahr gebannt war, kehrte Josef mit seiner Familie auf Geheiß Gottes zurück nach Nazareth.

Die Taufe im Jordan

Jesus wuchs in einer unruhigen Zeit auf: Palästina war seit über 60 Jahren von den Römern besetzt. Die Juden fühlten sich durch die Fremdherrschaft in ihrem Land gedemütigt. Nicht nur, weil sie nach ihrem Glauben Gottes auserwähltes Volk waren, sondern auch, weil die Besatzer ihnen das Leben schwer machten. Sie durften zwar ihre Religion ausüben, aber im Alltag waren sie der Willkür der Römer

ausgesetzt: Die Zöllner und Steuereintreiber pressten sie aus. Soldaten beherrschten das Straßenbild in den Dörfern und Städten. Sie sprangen mit den Einheimischen um, wie es ihnen gerade gefiel. König Herodes, ein Nachfolger des „Großen", war bei den Juden verhasst, denn er ließ jeden hart bestrafen, der über seine Anweisungen murrte. Wer sich ihnen gar widersetzte, musste mit dem Schlimmsten rechnen: Hinrichtungen waren an der Tagesordnung.

Die Juden selbst waren untereinander zerstritten, was ihre Lage nicht einfacher machte: Der Priesteradel, die Sadduzäer, die auch die oberste jüdische Gerichtsbarkeit stellten, machten, nicht selten zum eigenen Vorteil, gemeinsame Sache mit den Römern. Eine andere Gruppe, die Pharisäer, lebte nach den Geboten der Tora, arrangierte sich aber mit der Besatzungsmacht. Nicht so die Zeloten: Sie wollten das Reich Gottes mit Gewalt herbeiführen und versuchten, die Besatzer mit Aufständen zu schwächen. Die Essener schließlich glaubten, dass sie die wahren Auserwählten Gottes seien. Sie lebten zurückgezogen in der Gegend um Qumran am Nordwestufer des Toten Meeres.

Im Land herrschte Endzeitstimmung, zusätzlich angeschürt von Wanderpredigern. Sie zogen umher und verkündeten, die Ankunft des Messias stünde bevor – und damit das Ende der Welt mit dem Strafgericht Gottes. Nur wer Buße tue und rein sei von Schuld, könne auf Trost und Erlösung hoffen.

Einer dieser Wanderprediger fand besonders großen Zulauf: Johannes, auch „der Täufer" genannt. Er hatte lange in der Wüste gelebt und sich nur von Heuschrecken und Honig ernährt. Er trug einen Umhang aus Kamelhaar, seine Haare waren lang und wirr – und doch zog dieser Asket die Leute wie magisch an, auch, weil er kein Blatt vor den Mund nahm. Die Sadduzäer und Pharisäer beschimpfte er als Schlangenbrut. Den Soldaten warf er vor, Menschen zu misshandeln, den im Dienst der Römer stehenden Zöllnern, sich das Geld der Leute in die eigene Tasche zu stecken. Viele seiner Zuhörer bekamen es mit der Angst zu tun, einige hielten ihn gar für den verheißenen Erlöser. Ihnen entgegnete er: „Ich taufe euch nur mit Wasser. Aber es wird einer kommen, der wird Feuer und den Heiligen Geist über euch ausgießen."

Denn Johannes forderte die Menschen auf, sich von ihm im Fluss Jordan taufen zu lassen, wo er predigte. Damit könnten sie sich von ihren Sün-

RÄTSELHAFTE JAHRE
Die christliche Bibel nimmt Jesu Geschichte nach dem Tempelbesuch des Zwölfjährigen erst 18 Jahre später wieder auf: mit seinem Auftreten als Prediger. Bis heute wird gerätselt, wo er in dieser Zeit war und wie er lebte. Es wird spekuliert, dass Jesus sich in Indien aufgehalten haben könnte. In seiner Lehre und seinem Leben gibt es einiges, was an Buddha erinnert, der 500 Jahre vor ihm lebte.

den reinwaschen. Eines Tages bat auch Jesus Johannes um die Taufe. Der wies ihn mit den Worten zurück: „Von welchen Sünden sollte ich dich reinwaschen? Du bist doch unschuldig wie ein Lamm!" Johannes war nach dem Neuen Testament der Erste, der Jesus als Sohn Gottes erkannte. Schließlich gab er nach. Als der Mann aus Nazareth im Jordan stand und Johannes Wasser über dessen Haupt goss, tat sich plötzlich der Himmel auf. Eine Taube senkte sich auf Jesus und eine Stimme verkündete: „Dies ist mein geliebter Sohn, an dem ich Gefallen gefunden habe."

Die Versuchungen in der Wüste

Nachdem Jesus von Johannes getauft worden war, zog er sich in die Wüste zurück. Dort ging er in sich und fastete 40 Tage und Nächte. Dann aber quälte ihn der Hunger. Da tauchte der Teufel vor ihm auf und wollte Jesus auf die Probe stellen: „Wenn du der Sohn Gottes bist, dann verwandle doch diese Steine zu Brot! Dann kannst du dich satt essen", lockte er. Jesus antwortete ihm: „Der Mensch lebt nicht nur von Brot, sondern von jedem Wort, das aus Gottes Mund kommt." Da versuchte es der Teufel anders. Er führte Jesus nach Jerusalem auf das Dach des Tempels und forderte ihn auf: „Komm, spring runter, wenn du der Sohn Gottes bist! Es steht doch geschrieben, dass seine Engel ihn auf Händen tragen werden, damit er mit seinem Fuß nicht an einen Stein stößt." Wieder wies ihn Jesus zurecht, indem er sagte: „Du sollst den Herrn, deinen Gott, nicht auf die Probe stellen!" Dann führte ihn der Teufel auf einen Berg und zeigte ihm das weite Land mit dem Angebot: „Wenn du mich anbetest, schenke ich dir das alles. Und du wirst die Reiche, die vor deinen Augen liegen, beherrschen." Diesmal entgegnete Jesus: „Vor dem Herrn, deinem Gott, sollst du dich niederwerfen und ihm allein dienen." Daraufhin ließ der Teufel von ihm ab.

Der Menschenfischer

Nach dem Aufenthalt in der Wüste kehrte Jesus zurück in seine Heimat Galiläa. Johannes der Täufer war hingerichtet worden: Die römischen Besatzer hatten in ihm wegen des Einflusses, den er auf die Menschen hatte, eine Bedrohung ihrer Macht gesehen. Nun trat Jesus als Prediger in seine Fußstapfen. Anfangs lehr-

TEUFEL, SATAN, LUZIFER
Der Teufel oder Satan ist in der Bibel die Verkörperung des Bösen und der Widersacher Gottes. Er wird auch in der Gestalt des Luzifer dargestellt, eines Engels, der die Macht im Himmel anstrebte und deshalb von Gott verstoßen wurde.

te er vor allem in den Synagogen, den jüdischen Versammlungshäusern rund um den See Genezareth. War er nicht unterwegs, lebte er in Kafarnaum. Das war vermutlich um das Jahr 28 unserer Zeitrechnung.

Wo immer Jesus auftrat, strömten die Menschen herbei. Sie brachten Kranke zu ihm, denen er die Hand auflegte und sie so heilte. Er befreite Besessene von ihren Dämonen, half Gelähmten wieder auf die Füße, ja, er holte sogar Tote zurück ins Leben. Diese Wunder bewirkte er an Menschen, die ihn aus ihrem Glauben heraus um Hilfe baten. Bald hatte Jesus viele Anhänger. In der Bibel heißen sie Jünger oder Schüler, die ihn Rabbi, das heißt „Lehrer", Herr oder Meister nannten. Zwölf dieser Jünger begleiteten ihn überallhin.

Die Ersten, die das taten, waren Fischer. Als sie Jesus am See Genezareth begegneten, drängten sich so viele Menschen um ihn, dass er in der Menge fast unterging. Jesus bat sie, ihn aufs Wasser zu rudern, damit die Leute ihn besser hören könnten. Nach seiner Predigt forderte er einen der Fischer, Simon, auf, noch einmal hinauszurudern und die Netze auszuwerfen. Der meinte, das habe wohl keinen Sinn, sie hätten die ganze Nacht draußen verbracht, ohne einen einzigen Fisch zu fangen. Dennoch folgte er Jesus. Und siehe da: Nach kurzer Zeit waren die Netze so voll, dass sie fast zerrissen. Simon rief zwei andere Fischer namens Jakobus und Johannes zu Hilfe, um den Fang in die Boote zu heben. Wieder an Land, forderte Jesus die Männer auf, sich ihm anzuschließen. Er wolle sie zu Menschenfischern machen. Sie ließen alles stehen und liegen und folgten ihm.

Ein andermal war Jesus mit ihnen auf dem See unterwegs ans andere Ufer. Da brach ein furchtbares Unwetter los: Die Wellen schlugen über den Köpfen der Jünger zusammen. Die Männer gerieten in Panik – während Jesus friedlich schlief! Sie weckten ihn und schrien in Todesangst: „Meister, wir gehen unter!" Da erhob er sich und befahl Wind und Wellen, sich zu legen – und

DIE APOSTEL
Jesus wählte zwölf Jünger zu seinen engsten Vertrauten aus – die Zahl entspricht den zwölf Stämmen Israels. Sie wurden seine Apostel, das heißt „Boten". Es waren Simon, dem Jesus den Namen Petrus, „Stein", gab, Andreas, Jakobus, Johannes, Philippus, Bartholomäus, Matthäus, Thomas, Jakobus und sein Sohn Simon sowie Judas und Judas Ischariot.

sofort war der See glatt wie ein Spiegel. Die Jünger ermahnte Jesus: „Wo ist denn euer Glaube?" Sie sahen sich ratlos an und fragten sich: Was ist das für ein Mensch, dass ihm sogar die Naturgewalten gehorchen?

Jesu übte nicht nur Wunder an Menschen, sondern auch an Dingen, wie bei einer Hochzeit in Kana, bei der er zu Gast war. Bei diesem Fest ging dem Hausherrn der Wein aus. Da ließ Jesus Krüge mit Wasser füllen – und als das ausgeschenkt wurde, war es zu bestem Wein geworden. Ging es bei den anderen Wundern darum, Menschen in Not zu helfen, so gab er in Kana ein anderes Zeichen. Es ging Jesus in seiner Lehre nicht nur um Buße und Befreiung von Bedrängnis an Leib und Seele, sondern auch um Lebensfreude und Zuversicht. Jesus liebte es, in geselliger Runde fröhlich zu sein – auch mit Armen und von der Gesellschaft Ausgestoßenen. Er freute sich über jeden, der ihm folgte und auf Gott vertraute.

Der Prediger

Jesus überzeugte die Menschen nicht nur mit Taten, sondern auch mit Worten. Die Bibel berichtet von vielen Auftritten, bei denen sich große Menschenmengen um ihn versammelten. Er wandte sich aber immer wieder auch einzelnen Menschen zu, um mit ihnen über ihre Sorgen und Nöte zu sprechen und ihnen mit Gottes Botschaft Trost zu spenden.

In seinen Predigten forderte Jesus seine Zuhörer auf, Buße zu tun und den göttlichen Geboten zu folgen. Statt den Menschen aber wie die Schriftgelehrten mit der Androhung des himmlischen Strafgerichts Angst zu machen, sprach er von einem verzeihenden, gütigen Gott, dessen Gnade jedem zuteil werde, der an ihn glaube und auf ihn vertraue. Das war neu – und eine Botschaft, die Hoffnung gab.

Die berühmteste Predigt Jesu ist die sogenannte Bergpredigt. Sie ist das wichtigste Vermächtnis des Gottessohnes. Die Seligpreisungen und Jesu Auslegung der zehn biblischen Gebote machen den Kern seiner Lehre deutlich: Ihm ging es nicht darum, die religiösen Gesetze buchstabengetreu zu befolgen, sondern darum, sie so auszulegen, dass sie den Menschen zu einem friedlichen Zusammenleben verhelfen würden. Wirklich wichtig sei nicht, ob jemand viel Geld habe und wie viel er im Tempel opfere, sondern der Glaube und die Hinwendung zu Gott – nicht aus Gehorsam, sondern aus dem Herzen heraus. Entscheidend sei, das eigene

DIE SPEISUNG DER 5000
Einmal versammelten sich über 5000 Menschen, um Jesus zuzuhören. Der forderte seine Jünger auf, sie mit Essen zu versorgen. Die Jünger waren ratlos: Sie hatten doch nur fünf Brote und zwei Fische dabei! Da segnete Jesus die Speisen und ließ sie verteilen. Und siehe da: Die Körbe wurden nicht leer und alle Menschen satt.

Leben im Vertrauen auf Gott anzunehmen, egal was passiert. Die Liebe Gottes zeige sich in der tätigen Liebe jedes Einzelnen zu seinem Nächsten. Jesus brachte dies einmal so auf den Punkt: „Was ihr dem Geringsten unter meinen Brüdern getan habt, das habt ihr mir getan."

Die Gleichnisse

Jesus kleidete seine Botschaft in Gleichnisse, Geschichten, die auch einfache Menschen gut verstehen konnten. Damit füllte er die Worte der Zehn Gebote und der Schrift mit Leben. Er forderte seine Zuhörer auf, sogar ihre Feinde zu lieben: „Liebe deinen Nächsten wie dich selbst."

Die Seligpreisungen der Bergpredigt

SELIG, DIE ARM SIND VOR GOTT;
DENN IHNEN GEHÖRT DAS HIMMELREICH.
SELIG DIE TRAUERNDEN;
DENN SIE WERDEN GETRÖSTET WERDEN.
SELIG, DIE KEINE GEWALT ANWENDEN;
DENN SIE WERDEN DAS LAND ERBEN.
SELIG, DIE HUNGERN UND DÜRSTEN NACH GERECHTIGKEIT;
DENN SIE WERDEN SATT WERDEN.
SELIG DIE BARMHERZIGEN;
DENN SIE WERDEN ERBARMEN FINDEN.
SELIG, DIE REINEN HERZENS SIND,
DENN SIE WERDEN GOTT SCHAUEN.

In der Bibel sind 41 Gleichnisse überliefert. Eines der berühmtesten ist das vom barmherzigen Samariter. Die Leute aus Samaria waren bei den Juden nicht hoch geachtet. Ausgerechnet ein Mann aus dieser Stadt aber war es, der als einziger einem von Straßenräubern blutig niedergeschlagenen Mann half. Zuvor waren ein Priester und ein Levit (die Leviten waren für den Tempeldienst zuständig und hielten sich deshalb für etwas Besseres) achtlos an dem hilflosen Menschen vorübergegangen. Der Samariter dagegen versorgte seine Wunden, gab ihm Kleider und suchte eine Unterkunft, in der der Verwundete bis zu seiner Genesung bleiben konnte. Das, so lehrte Jesus, sei, was Gott unter Nächstenliebe verstehe.

In anderen Gleichnissen erklärte er, dass Gott niemanden verloren gibt und jedem verzeiht, der von einem Irrweg umkehrt. So erzählt er in der Geschichte vom verlorenen Sohn von einem jungen Mann, der sich sein Erbteil hatte auszahlen lassen, um in die Welt zu gehen. Als er all sein Geld verprasst hatte, kehrte er reumütig zu seinem Vater zurück. Der gab daraufhin vor lauter Freude ein großes Fest. Den älteren Bruder, der brav zu Hause geblieben war und dem Vater all die Jahre bei der Arbeit geholfen hatte, ärgerte das. Er beklagte sich: Für ihn sei noch nie ein solches Fest ausgerichtet worden. Da wies ihn der Vater zurecht: „Dein Bruder war verloren und ist wiedergefunden worden." Jesus predigte, ein guter Hirte werde seine ganze Herde verlassen, um nach einem einzigen verlorenen Schaf zu suchen.

KEINE GEWALT!
Jesus legte die Bibel der Juden weit radikaler aus, als die Juden das taten – und widersprach ihr in manchen Punkten sogar. Das Gebot „Du sollst nicht töten" etwa bezog er nicht erst auf einen Mord: Schon wer einen anderen hasse, mache sich schuldig. Besonders wichtig war ihm das Gewaltverbot.

Und er mahnte, die Menschen sollten ihre Gedanken nicht immer darum kreisen lassen, ob sie genug Geld für Essen, Trinken und schöne Kleider hätten. Sie sollten sich die Vögel im Himmel ansehen: „Sie säen nicht und ernten nicht und werden dennoch satt." Und die Lilien auf dem Feld seien ohne eigenes Zutun schöner als jedes festliche Gewand.

Der Provokateur

Wie Jesus lebte und was er lehrte, stieß bisweilen sogar bei seinen Jüngern auf Protest, denn er setzte sich über alte jüdische Gesetze und Sitten hinweg. Nicht sie stellte er in den Mittelpunkt, sondern den einzelnen Menschen. So empörten sich seine Jünger einmal darüber, dass er sich von einer Sünderin, einer Frau mit zweifelhaftem Lebenswandel, die Füße salben ließ. Oder er kehrte bei einem Zöllner zum Essen ein. Diese Leute wurden verachtet, weil sie im Dienste der römischen Besatzer standen. Jesus ermahnte die Jünger, dass auch und gerade Gestrauchelte, die Demut, Hoffnung und Glauben zeigten, die Liebe Gottes erfahren würden. Wer sich dagegen hochmütig für etwas Besseres halte, dem werde das Himmelreich verschlossen bleiben.

Bald schon hatten die Schriftgelehrten und Hohenpriester Jesus im Visier. Sie fühlten sich von ihm in ihrer Autorität angegriffen. Am Sabbat, dem Tag der Arbeitsruhe, heilte er Kranke und ließ seine Jünger gewähren, als sie sich auf einem Feld Korn von den Ähren streiften, um etwas zu essen zu haben. Das aber widersprach bereits dem jüdischen Arbeitsverbot am siebten Tag der Woche. Jesus hielt dem entgegen: „Der Sabbat ist für den Menschen da und nicht der Mensch für den Sabbat."

Als er einmal bei einem Pharisäer zum Essen eingeladen war, setzte er sich an den Tisch, ohne vorher die rituellen Waschungen vorgenommen zu haben. Seine Jünger taten es ihm gleich. Der Pharisäer wies Jesus deshalb zurecht – woraufhin Jesus ihm scharf entgegnete: „Ihr haltet zwar Becher und Teller außen sauber, innen aber seid ihr voll Raubgier und Bosheit."

Als er seine Jünger lehrte, wie sie zu Gott beten sollten, ermahnte er sie: „Macht es nicht wie die Heuchler, die sich zum Beten gern dahin stellen, wo möglichst viele Menschen es sehen. Betet im Stillen, in eurer Kammer, zum Vater, der auch

JESUS UND DIE KINDER
Jesus ermahnte auch zur Achtung der Kinder: Als einmal Kinder zu ihm gebracht wurden, wollten seine Jünger sie verscheuchen. Daraufhin sagte Jesus: „Lasst die Kinder zu mir kommen. Denn ihnen gehört das Himmelreich." Dann segnete er sie.

im Verborgenen ist. Er wird es sehen." Kein Wunder, dass Jesus selbstgerechte Juden, vor allem die Mächtigen, mit solchen Taten und Worten gegen sich aufbrachte – und in Gang setzte, was dem Messias in der Bibel verheißen war: seine Verfolgung und seinen Tod.

Das Opfer Jesu

Als Jesus 30 Jahre alt war, zog er mit seinen Jüngern nach Jerusalem, um dort das Pessachfest zu feiern. Seine Anhänger empfingen ihn wie einen König: Sie hatten Palmzweige auf die Straße gelegt, über die er auf einem Esel, dem Reittier der früheren israelischen Stammesherrscher, in die Stadt ritt. In Jerusalem ging es wie immer zu Pessach turbulent zu: Vor allem um den Tempel und in ihm herrschte Hochbetrieb, weil dort jeder Jude sein Opfer bringen wollte und die Tempelsteuer bezahlen musste. Händler und Geldwechsler hatten ihre Tische aufgebaut und machten gute Geschäfte. Als Jesus sah, dass es zuging wie auf einem Jahrmarkt, stürmte er die Stufen zum Tempel hoch, riss wütend Verkaufstische, Buden und Schemel um und fuhr die Menschen an: „Ihr habt aus dem Haus meines Vaters eine Räuberhöhle gemacht!" Chaos brach aus: Die Händler schimpften. Opfertiere rissen sich los und machten sich selbstständig. Tempelbesucher wurden umgerannt und schrien. Andere waren starr vor Schreck darüber, was dieser Mann, der in dem Tumult verschwand, sich traute.

Die jüdischen Priester hatten schon lange auf eine Gelegenheit gewartet, sich diesen „Unruhestifter" vom Hals zu schaffen. Jetzt war sie gekommen. Der Hohepriester Kaiphas beschloss, den Aufrührer festzunehmen. Schließlich hatte der Mann aus Nazareth den Tempel als „Haus seines Vaters" bezeichnet. Damit hatte er behauptet, er sei der Sohn Gottes – und das war Gotteslästerung! Jetzt galt

CHRISTEN
„Christen" wurden die Anhänger der Lehre Jesu anfangs von den Nicht-Christen, Juden und Heiden, genannt, abgeleitet von „Christus", was auf griechisch „der Gesalbte" heißt. Gesalbt wurden damals Könige – und der Messias war für die Gläubigen ein König.

es nur noch, ihn zu schnappen. Lange musste Kaiphas darauf nicht warten, denn unter den Jüngern war ein Verräter …

Am darauffolgenden Abend nahm Jesus gemeinsam mit seinen Jüngern das rituelle Pessachmahl zu sich. Bei diesem „Letzten Abendmahl", wie die Christen es nennen, war ihr Meister bedrückt. Er sprach von seinem baldigen Tod und davon, dass einer aus ihrer Mitte ihn verraten würde. Die Jünger waren entsetzt! Als Jesus das Brot brach und es ihnen reichte, sagte er: „Nehmt und esst, das ist mein Leib. Tut dies zu meinem Gedächtnis." Als er den Kelch mit Wein an sie weitergab, sprach er: „Nehmt und trinkt, das ist mein Blut, das ich für euch vergießen werde. Tut dies, sooft ihr daraus trinkt, zu meinem Gedächtnis."

Nach dem Mahl ging Jesus in den Garten von Gethsemane, um dort in der Stille der Nacht zu beten. Die Jünger begleiteten ihn. Plötzlich tauchte Judas in Begleitung von Tempelpolizisten auf. Er ging auf Jesus zu und küsste ihn. Dies war das verabredete Erkennungszeichen für die Bewaffneten: Sie nahmen Jesus fest und brachten ihn zum Hohen Rat der Juden.

Der Vorsitzende, der Hohepriester Kaiphas, fragte Jesus, ob er der Messias, der Sohn Gottes sei. Jesus antwortete: „Du hast es gesagt." Und fügte hinzu, von nun an würden sie den Menschensohn zur Rechten Gottes sitzen sehen. Kaiphas schrie empört auf: „Er hat Gott gelästert!" Darauf stand die Todesstrafe. Die aber durfte nur ein römischer Richter verhängen. Deshalb übergab der Hohe Rat Jesus an Pontius Pilatus, den römischen Statthalter. Auf dessen Frage, ob er der König der Juden sei, antwortete Jesus erneut: „Du sagst es." Und er ergänzte: „Mein Reich ist nicht von dieser Welt."

Pilatus tat sich schwer mit dem Angeklagten: Er konnte keine Schuld an Jesus finden. Was sollte er tun? Nun war es zu Pessach üblich, dass die Römer einen jüdischen Gefangenen begnadigten. Deshalb hatte sich eine Menschenmenge vor dem Haus des Pilatus versammelt. Nun, dann sollte sie eben entscheiden! Pilatus fragte, wen er freilassen solle: Jesus oder Barrabas, einen verurteilten

Das Vaterunser

IST DAS WICHTIGSTE GEBET DER CHRISTEN. JESUS LEHRTE ES SEINE JÜNGER. DER LETZTE SATZ WURDE ERST NACH SEINEM TOD HINZUGEFÜGT.
VATER UNSER IM HIMMEL,
GEHEILIGT WERDE DEIN NAME.
DEIN REICH KOMME.
DEIN WILLE GESCHEHE,
WIE IM HIMMEL SO AUF ERDEN.
UNSER TÄGLICHES BROT GIB UNS HEUTE.
UND VERGIB UNS UNSERE SCHULD,
WIE AUCH WIR VERGEBEN UNSEREN
SCHULDIGERN.
UND FÜHRE UNS NICHT IN VERSUCHUNG,
SONDERN ERLÖSE UNS VON DEM BÖSEN.
DENN DEIN IST DAS REICH UND DIE
KRAFT UND DIE HERRLICHKEIT IN
EWIGKEIT.
AMEN.

JUDASLOHN
Judas ließ sich seinen Verrat mit 30 Silberlingen bezahlen, daher kommt der Ausdruck „Judaslohn" für einen Verräter. Nach der Festnahme Jesu brachte er sich aber aus Verzweiflung um.

Mörder. Da schrien die Leute: „Barrabas!", und forderten, Jesus kreuzigen zu lassen. Damit war Jesu Schicksal entschieden. Die Soldaten verspotteten ihn als „König der Juden", rissen ihm die Kleider vom Leib, legten ihm einen roten Mantel um und drückten ihm eine Krone aus Dornen auf den Kopf, bevor sie ihn zur Hinrichtungsstätte auf den Hügel Golgatha führten. Sein Kreuz musste er selbst auf den Schultern dorthin schleppen. Oben angekommen, nagelten die Soldaten Jesus an Händen und Füßen ans Kreuz und stellten es zwischen denen zweier anderer Todeskandidaten auf. Sechs Stunden lang rang Jesus qualvoll mit dem Tod. Am Ende fragte er verzweifelt: „Vater, Vater, warum hast du mich verlassen?" Und schließlich: „Es ist vollbracht!" Dann hauchte er sein Leben aus. Da bebte die Erde und im Tempel zerriss der Vorhang. Der Hauptmann, der Jesus bewacht hatte, sagte: „Wahrhaftig, das war der Sohn Gottes!"

TOD AM KREUZ
Nach christlichem Glauben opferte sich Jesus mit seinem Tod am Kreuz für die Menschen: Mit seinem Sterben nahm er ihre Schuld auf sich. Wie groß seine Liebe zu den Menschen war, zeigte sich auch in diesen Worten, die er am Kreuz sprach: „Vater, vergib ihnen, denn sie wissen nicht, was sie tun."

Auferstehung und Himmelfahrt

Noch vor Beginn des Sabbats am Freitagabend nahm ein frommer jüdischer Mann Jesus vom Kreuz und brachte seinen Leichnam in ein Felsengrab. Er ließ es mit einem großen, schweren Stein verschließen. Am Sonntag darauf, dem ersten Tag der jüdischen Woche, gingen drei Frauen zum Grab, um den Leib des Toten zu salben, wie es üblich war. Doch als sie ankamen, stand die Grabkammer offen. Zögernd gingen sie in die Gruft: Sie war leer! Da erschien ihnen ein Engel und teilte ihnen mit: „Jesus ist auferstanden!" Es war tatsächlich geschehen, was in der heiligen Schrift der Juden stand: „Der Messias wird leiden und am dritten Tag auferstehen." Der Engel wies die Frauen an, Jesu Jünger davon zu unterrichten.

Am selben Tag waren zwei von ihnen auf dem Weg in den Ort Emmaus. Da trafen sie auf einen

Fremden, der sich ihnen anschloss. Sie luden ihn ein, mit ihnen zu Abend zu essen. Bei Tisch brach ihr Begleiter das Brot – und die Jünger erkannten, wer da bei ihnen saß: Jesus! In den nächsten 40 Tagen zeigte sich der Auferstandene noch mehrmals. Er beauftragte seine Jünger, seine Lehre in die Welt zu tragen. Nach diesen 40 Tagen entschwand Jesus ihren Blicken, er fuhr zum Himmel auf, wo er nach dem Glauben der Christen an der Seite Gottes, seines Vaters, sitzt.

Zehn Tage nach Jesu Himmelfahrt und 50 Tage nach seiner Auferstehung trafen sich seine Jünger zum jüdischen Erntedankfest in Jerusalem. Da brauste es plötzlich am Himmel. Feuerzungen senkten sich über ihre Häupter. Es war der Heilige Geist Gottes, der sie erfüllte. Und obwohl die Menschen, die sich dort versammelt hatten, aus aller Herren Länder kamen und in verschiedenen Sprachen redeten, verstanden sie einander. Angesichts dieses Pfingstwunders (Pfingsten kommt vom griechischen *pentekoste* und heißt „der 50. Tag") erinnerte Petrus an eine Verheißung aus der Bibel: „So spricht Gott: Ich werde von meinem Geist ausgießen über alles Fleisch … Ich werde Wunder erscheinen lassen, droben am Himmel und Zeichen unten auf der Erde. Und es wird geschehen: Jeder, der den Namen Gottes anruft, wird gerettet." Von diesem Tag an folgten die Jünger Jesu Auftrag, seine Lehre zu verbreiten. Deshalb gilt Pfingsten als „Geburtstag der Kirche", wie die christliche Glaubensgemeinschaft genannt wird. Denn von da an wurden überall da, wo sich die Lehre Jesu verbreitete, Gemeinden gegründet.

TAUBE UND HEILIGER GEIST
Der Heilige Geist Gottes zeigt sich in der Bibel bei der Taufe Jesu und an Pfingsten als Taube. Deshalb wurde dieses Tier zum Symbol des Heiligen Geistes. Die Christen verehren Gott in dreifaltiger Gestalt: in der von Gottvater, der seines Sohnes Jesus und der des Heiligen Geistes, den Gott den Menschen schickt.

die geschichte der kirche

Die Anfänge

Nach Jesu Tod verbreiteten die Apostel und seine Jünger die christliche Lehre weiter: nicht nur in Palästina, sondern auch in Kleinasien, in Griechenland und bis nach Italien. In Palästina ließen sich viele Juden taufen, und die jüdische Gerichtsbarkeit ließ sie anfangs noch gewähren, sofern sie sich an die alten religiösen Gesetze hielten. Als sich aber auch immer mehr „Heiden", also Menschen, die nicht an den einen Gott glaubten, zum Christentum bekehren ließen, waren die Christen nicht mehr wohlgelitten. Auch die Römer verfolgten die Anhänger des neuen Glaubens, die ständig in Gefahr waren, festgenommen, gefoltert oder gar hingerichtet zu werden. Viele starben als Märtyrer für ihren Glauben. Etliche wurden zu Tode gesteinigt. Das war nach jüdischem Recht die übliche Strafe bei Gotteslästerung. Besonders eifrig tat sich Saulus aus Tarsus (in der heutigen Türkei) als Christenjäger hervor. Er gehörte der jüdischen Gerichtsbarkeit an – und er hielt die Christen für eine gefährliche Sekte.

Eines Tages war Saulus unterwegs nach Damaskus. Da hatte er plötzlich eine Erscheinung und hörte eine Stimme, die sich ihm als Jesus Christus offenbarte. Der fragte ihn: „Warum verfolgst du mich?" Dieses Erlebnis ließ Saulus zum Christ werden. In den Schriften wird er von da an Paulus genannt. So heißt der jüdische Name Saulus auf Griechisch. Was er anderen angetan hatte, drohte ihm jetzt selbst: Verfolgung und Tod. Er wurde zu einem der eifrigsten Verbreiter der christlichen Lehre: Paulus bereiste den gesamten Mittelmeerraum und gründete dort Gemeinden. Ihnen schrieb er später zahlreiche Briefe, die wichtiger Bestandteil des Neuen Testaments sind. Er starb, ebenso wie der Apostel Petrus, in Rom. Petrus, zu dem Jesus gesagt hatte: „Auf diesen Fels will ich meine Kirche bauen", hatte dort die erste christliche Gemeinde gegründet und war deren Oberhaupt. Auf ihn bezieht sich das Amt des Bischofs von Rom, das später zu dem des Papstes als Stellvertreter Christi und Oberhaupt der gesamten Kirche eingerichtet wurde.

Auch in Rom wurden die Christen verfolgt: nicht nur, weil die römischen Machthaber ebenso wie ihre Statthalter in Palästina ihren Herrschaftsanspruch von der Lehre Jesu bedroht sahen, sondern auch wegen ihrer mysteriösen Rituale. Die Gläubigen nannten sich Schwestern und Brüder und trafen sich regelmäßig zu einem „Liebesmahl", bei dem sie, wie sie sagten, „den lebendigen Leib Christi" und sein Blut zu sich nahmen. Sie feierten so das Abendmahl, wie Jesus am Tag vor seinem Tod mit den Jüngern. Die Christen galten als dubiose Sekte, die sich Kaiser Nero als Sündenbock anbot: Im Jahr 64 war Rom in Flammen aufgegangen – und Nero bezichtigte die Christen als Brandstifter. Er richtete ein Blutbad unter ihnen an. Das war die erste große Christenverfolgung der Geschichte, während der auch Petrus hingerichtet wurde. Später starben viele Christen, weil sie sich dem „Kaiserkult" verweigerten, dem Befehl der römischen Machthaber, ihren Statuen wie Göttern Opfer zu bringen. Den Christen war dies aber – wie den Juden – verboten. Denn ihr Erstes Gebot lautet: „Du sollst keine anderen Götter neben mir haben!"

DIESER MANN IST MEIN AUSERWÄHLTES WERKZEUG: ER SOLL MEINEN NAMEN VOR VÖLKER UND KÖNIGE UND DIE SÖHNE ISRAELS TRAGEN.
Apostelgeschichte 9, 15

DAS HAUS DES HERRN
Das Wort Kirche stammt vom griechischen *kyriake*, was „dem Herrn gehörig" heißt. Später wurde der Begriff auf die christlichen Gotteshäuser übertragen.

Der Weg in die Welt

Die Wende kam mit Kaiser Konstantin I.: Ihm war vor einer Schlacht am Himmel ein Kreuz erschienen, und er hörte die Worte: „In diesem Zeichen wirst du siegen!" Nach gewonnenem Kampf stellte er im Jahr 313 den Glauben der Christen den anderen Religionen gleich und ließ sich schließlich 337 auf dem Totenbett selbst taufen. Einer seiner Nachfolger, Theodosius, erhob das Christentum 44 Jahre später zur Staatsreligion und verbot alle heidnischen Bräuche.

Von da an verbreitete sich die Religion zunächst im gesamten Römischen Reich, also auch im Norden Europas, und schließlich in der Welt. Oberhaupt der katholischen (aus dem griechischen *katholikos* = alle betreffend, später auch übersetzt mit: die Welt umspannend) Religion wurde der anfangs von der römischen Gemeinde, dann aber von Fürsten und Königen gewählte Bischof von Rom, der Papst. Es entstanden Klöster, die zu Zentren des Wissens und der Heilkunde wurden. In ihnen lebten Mönche und Nonnen, Menschen, die ihr Leben ganz in den Dienst Gottes und der Kirche gestellt hatten. Von dort aus trugen vor allem Mönche die Glaubenslehre in fremde Länder: Sie ließen sich dort nieder, kümmerten sich um Arme und Kranke, missionierten die Menschen und gründeten christliche Gemeinschaften.

Im Lauf der Jahrhunderte strebten die Päpste aber immer mehr nach weltlicher Macht, häufig im Schulterschluss mit Kaisern und Königen. Im Frankenreich mussten im 9. Jahrhundert Tausende Menschen ihr Leben lassen, weil sie sich weigerten, vor Karl dem Großen und dem Kreuz das Knie zu beugen. Es kam noch schlimmer: Jerusalem, die Heilige Stadt der Bibel, stand im Mittelalter unter muslimischer Herrschaft. Im 11. Jahrhundert rief Papst Urban II. zum Kampf gegen

DER PETERSDOM
Kaiser Konstantin ließ über dem Grab von Petrus in Rom eine Basilika, eine Bischofskirche, errichten. Heute steht über ihr der Petersdom. In Jerusalem baute er die Grabes- und die Himmelfahrtskirche, in Bethlehem die Geburtskirche.

die „Ungläubigen" dort auf: Den sogenannten Kreuzrittern versprach er Nachlass ihrer Sünden und ewiges Leben. 200 Jahre lang wurden im Zeichen des Kreuzes Juden und Muslime, Männer, Frauen und Kinder, niedergemetzelt.

Im 13. Jahrhundert folgte die Inquisition: Wer in Verdacht geriet, und sei es durch Verleumdung, der kirchlichen Lehre zu widersprechen, wurde vor ein kirchliches Gericht geschleppt. Diese „Ketzer" wurden häufig unter Folter gezwungen, zu gestehen – und dann hingerichtet. Wer dies nicht tat, wurde zu Tode gequält. Viele Frauen, oft Heilkundige, aber auch solche, die sich mächtigen Männern verweigerten, wurden als Hexen verbrannt. Wenn die Kirche sich in ihrer Macht bedroht sah, ging sie erbarmungslos gegen wirkliche und vermeintliche Gegner vor.

Die Spaltung des Glaubens

Die Menschen lebten mittlerweile in Angst und Schrecken vor der Kirche, deren Päpste und Fürsten dagegen in Saus und Braus. Das Geld dafür trieben sie bei den häufig bettelarmen Gläubigen ein: Sie machten ihnen weis, sie könnten sich und ihre verstorbenen Angehörigen von ihren Sünden freikaufen, indem sie sogenannte Ablassbriefe erwarben, und dadurch dem Strafgericht Gottes entgehen. Anfang des 16. Jahrhunderts erhob sich ein Mönch und Theologieprofessor gegen diesen Betrug: Martin Luther. Er forderte eine Rückbesinnung auf die Worte des Evangeliums, der Frohen Botschaft Jesu. Darin hieß es schließlich, nicht durch seine Taten und Dienste werde der Mensch Erlösung finden, sondern allein durch den Glauben und die Gnade Gottes!

Luther fasste seine Überzeugung im Jahr 1517 in 95 Thesen und verbreitete sie. Damit setzte er die Reformation in Gang. Die Kirche forderte ihn zum Widerruf auf, warf ihm Ketzerei vor und schloss ihn schließlich aus. Der Reichstag, die Versammlung der deutschen Fürsten, sollte den weltlichen Bann über ihn verhängen. Damit hätte ihn jeder ungestraft töten können. Doch es kam anders: Einige Landesfürsten schlossen sich Luther an und verließen unter Protest die Versammlung. Schließlich bekämpften sich die Truppen der Kaisertreuen und der Anhänger Luthers. Die unterlagen zwar, siegten aber in der Frage ihres Glaubens: 1555 wurde der „Augsburger Religionsfrieden" geschlossen. Von nun an gab es zwei Kirchen: die römisch-katholische und die Lutheraner, die sich später in Landes- und Freikirchen

MARTIN LUTHER
Martin Luther, der von 1483 bis 1546 lebte, übersetzte die Bibel aus dem Griechischen und Hebräischen ins Deutsche. Damit wurde sie jedem, der lesen konnte, unmittelbar zugänglich.

organisierten und sich protestantisch oder evangelisch nannten. Jeder Landesherr war frei, welchem Glauben er folgen wollte. Die Untertanen allerdings mussten die Konfession annehmen, zu der sich ihr Landesherr bekannte. Wechselte die Herrschaft und damit der Glaube, mussten sie folgen. Das war einer der Auslöser für den Dreißigjährigen Krieg, dem schlimmsten Gemetzel, das die Welt bis dahin erlebt hatte: Ganze Landstriche wurden entvölkert, bis 1648 mit dem „Westfälischen Frieden" endlich Religionsfreiheit einkehrte. Bereits 500 Jahre vor der Reformation hatte sich die orthodoxe Kirche in Konstantinopel vom Papst in Rom abgewandt, blieb aber den katholischen Glaubensregeln – anders als die Lutheraner – treu.

gelebter glaube

Die Heilige Schrift

Die hebräische Bibel ist auch den Christen heilig: Es ist das Alte Testament. Die christliche Bibel umfasst aber mehr: Im Neuen Testament sind Leben und Lehre Jesu, die Geschichte der Apostel sowie ihre Briefe an die von ihnen gegründeten christlichen Gemeinden gesammelt. Besonders bedeutend sind die Paulusbriefe. Der wichtigste Teil aber sind die Evangelien, benannt nach der Frohen Botschaft (Evangelium) des Christentums. Vier Männer, Matthäus, Markus, Lukas und Johannes, schrieben darin Jahrzehnte nach Jesu Tod auf, was sie über sein Leben und seine Lehre wussten. In Teilen unterscheiden sich die Berichte der Evangelisten, nicht aber im Kern. Es gab auch andere Überlieferungen, die jedoch nicht in die Bibel aufgenommen wurden. Sie werden Apokryphen, „verborgene Schriften", genannt.

Der letzte Teil des Neuen Testaments ist die „Offenbarung des Johannes", auch Apokalypse (Enthüllung) genannt. Dieser Johannes lebte vermutlich Ende des 1. Jahrhunderts zur Zeit Kaiser Domitians, der sich als Gott verehren ließ. In furchterregenden Szenen beschreibt er darin den Untergang der Welt, das Schicksal der sündigen Menschen und die Wiederkehr Gottes auf Erden, wie sie ihm Jesus in Visionen dargestellt hatte. Dennoch wird dieser Teil der christlichen Bibel als Ermutigung verstanden: zu einem Leben im Vertrauen auf Gott und dessen Gerechtigkeit.

DIE VIER EVANGELISTEN
In der Kunst werden die vier Evangelisten oft als geflügelte Wesen dargestellt: Markus als Löwe, Matthäus als Menschenwesen, Lukas als Stier und Johannes als Adler.

Das Leben als Christ

Wie in anderen Religionen auch begleiten religiöse Zeremonien das Leben der Christen, von der Geburt bis ins Grab. Bei besonderen Weihehandlungen, den Sakramenten, geht an wichtigen Lebensstationen die Gnade Gottes auf den Menschen über. Zwei von ihnen, die Taufe und die Eucharistie, so heißt die Feier des Abendmahls, gehen auf die Evangelien im Neuen Testament zurück. Sie wurden demnach von Jesus selbst eingesetzt. Die meisten lutherischen Kirchen erkennen deshalb nur diese beiden Sakramente an. Katholiken dagegen glauben an sieben: neben Taufe und Eucharistie die Beichte, Firmung, Ehe, die Weihe kirchlicher Würdenträger wie Priester und die Krankensalbung. Die letzten fünf wurden von der katholischen Kirche eingeführt. In ihr dürfen nur geweihte Geistliche Sakramente spenden, in vielen protestantischen Kirchen können dies auch Laien tun. Denn nach Martin Luther ist jeder Getaufte ein „Priester", ein Diener Gottes.

Das Leben als Christ beginnt für jeden Menschen mit der Taufe, mit der er in die Glaubensgemeinschaft aufgenommen wird. In christlichen Familien wird ein Kind meist kurz nach der Geburt getauft. Ein Pate oder eine Patin spricht dabei stellvertretend das Glaubensgelöbnis und versichert, das Kind zu einem Leben nach Christi Lehre zu erziehen. Der Priester gießt dem Täufling, egal ob Kind oder Erwachsener, zur Weihe Wasser über den Kopf. In manchen Konfessionen und Regionen steht der Täufling im Wasser – wie Jesus bei der Taufe durch Johannes im Jordan – oder taucht ganz darin unter. Baptistische Christen taufen nur erwachsene Gläubige.

Mit der Eucharistie vollziehen Christen das letzte Mahl Jesu mit seinen Jüngern nach. Wenn sie, wie von Christus aufgetragen, Brot und Wein als dessen Leib und Blut zu sich nehmen, werden sie eins mit ihm. Katholische Kinder dürfen die Eucharistie erstmals mit etwa acht Jahren empfangen. Dieses Fest heißt Heilige Kommunion. Bei der Firmung einige Jahre später wiederholen sie ihr Taufgelübde und werden vollwertige Mitglieder ihrer religiösen Gemeinde. In protestantischen Kirchen gehen Jugendliche meist erst mit 14 Jahren zur Konfirmation: So heißt ihr erstes Abendmahl, bei dem ihnen Brot und Wein gereicht wird. Sie bekräftigen dabei zugleich ihren Glauben als Christ und werden mit Handauflegen geweiht. Vor dem Abendmahl sollen Christen ihre Sünden eingestehen und bereuen. In der katholischen Kirche kann der Priester eine persönliche „Ohrenbeichte" abnehmen, dem Reuigen eine Bußtat auferlegen und ihn von den Sünden freisprechen.

DER LEIDENSWEG
In manchen Städten und Gemeinden versammeln sich die Menschen am Karfreitag und „spielen" den Leidensweg Jesu in Prozessionen nach. Die berühmtesten sind alljährlich die Prozession in Jerusalem entlang der Via Dolorosa, die durch die Altstadt bis zur Grabeskirche führt, oder die Semana Santa im spanischen Sevilla.

Heiratet ein christliches Paar, schließt es seine Ehe vor Gott und verspricht sich, einander bis zum Tod beizustehen und treu zu sein. Der Priester segnet das Paar. Das Eheversprechen von Katholiken ist ein Sakrament und gilt ein Leben lang. Dazu heißt es: „Was Gott verbunden hat, soll der Mensch nicht wieder lösen." Geschiedene Katholiken dürfen deshalb nicht noch einmal kirchlich heiraten.

Mit der Krankensalbung schließlich erbittet ein Geistlicher für einen Kranken geistige Stärke und Vergebung der Sünden, insbesondere am Ende des Lebens. Er salbt ihn mit Öl und betet mit und für ihn. Stirbt ein Christ, so steigt nach diesem Glauben seine Seele in den Himmel auf. Beim Begräbnis segnet ein Priester den Verstorbenen, verabschiedet ihn am Grab und tröstet die Hinterbliebenen mit der Hoffnung auf die leibhaftige Auferstehung des Toten nach Gottes letztem Gericht zum ewigen Leben. Daran glauben auch Juden und Muslime.

Der Gottesdienst

Für Christen ist der Sonntag ein Ruhe- und Feiertag. Denn am Sonntag ist Christus drei Tage nach seinem Tod auferstanden. Wie bei den Juden der Sabbat, den sie am Samstag begehen, soll der Sonntag ein Tag der Ruhe sein, an dem sich die Gläubigen zur Besinnung und zum gemeinsamen Gottesdienst in der Kirche treffen. Dieser Gottesdienst wird in der katholischen Kirche „Heilige Messe" von lateinsch *missa* = Aussendung genannt und läuft nach einer festen Ordnung ab: Er ist unterteilt in den Wortgottesdienst mit Lesungen aus dem Alten Testament und dem Neuen Testament, einer Predigt, in der die Schriften mit Bezug auf den aktuellen Alltag ausgelegt werden, gemeinsamen Gesängen und Gebeten wie dem Vaterunser und dem Glaubensbekenntnis.

Höhepunkt ist die Feier der Eucharistie als Begegnung mit Gott. Am Ende erteilt der Priester der Gemeinde den Segen. Im Laufe eines Kirchenjahres wird das Leben Jesu anhand der Lesungen im Gottesdienst nachvollzogen.

Als Gottesdienst gilt aber auch das persönliche Gebet außerhalb der Kirche. Es gibt außerdem Andachten, in der – wie das Wort bereits sagt – der Gottesmutter Maria oder Heiligen gedacht wird. Dies wird aber so nur in der katholischen Kirche gepflegt, die evangelische kennt keine Madonnenverehrung und keinen Heiligenkult.

EUCHARISTIE
Nach katholischer Lehre verwandelt der Priester während der Eucharistie durch sein Handeln Brot und Wein in Fleisch und Blut Christi. Nach evangelischem Glauben ist Christus allein durch den Glauben in dieser Gestalt gegenwärtig. Einer priesterlichen Wandlung bedarf es nicht.

Das Glaubensbekenntnis

Bei der Taufe und im Gottesdienst sprechen Christen das Glaubensbekenntnis. In ihm sind die wichtigsten Inhalte der Bibel zusammengefasst – von der Erschaffung der Welt durch Gott bis zur Auferstehung und Himmelfahrt Jesu. Dazu gehört auch das Bekenntnis zum Glauben an die Auferstehung der Toten.

Die Feiertage der Christen

Die wichtigsten Feiertage der Christen erinnern an Stationen im Leben Jesu: An Weihnachten feiern sie seine Geburt. Es gilt als Fest der Liebe, woraus sich der Brauch entwickelte, einander zu beschenken. Am Heiligen Abend, dem 24. Dezember, gehen viele Gläubige in der Nacht in die Christmette. Vor dem Altar ist dann in der Kirche eine Krippe aufgebaut, als Erinnerung an die Geburtsstätte Jesu. Der eigentliche Weihnachtsfeiertag ist der Tag nach dieser Heiligen Nacht. Er wird traditionell im Kreis der Familie gefeiert.

Glaubensbekenntnis

ICH GLAUBE AN GOTT, DEN VATER, DEN ALLMÄCHTIGEN, DEN SCHÖPFER DES HIMMELS UND DER ERDE. UND AN JESUS CHRISTUS, SEINEN EINGEBORENEN SOHN, UNSERN HERRN, EMPFANGEN DURCH DEN HEILIGEN GEIST, GEBOREN VON DER JUNGFRAU MARIA, GELITTEN UNTER PONTIUS PILATUS, GEKREUZIGT, GESTORBEN UND BEGRABEN, HINABGESTIEGEN IN DAS REICH DES TODES, AM DRITTEN TAG AUFERSTANDEN VON DEN TOTEN, AUFGEFAHREN IN DEN HIMMEL; ER SITZT ZUR RECHTEN GOTTES, DES ALLMÄCHTIGEN VATERS; VON DORT WIRD ER KOMMEN, ZU RICHTEN DIE LEBENDEN UND DIE TOTEN. ICH GLAUBE AN DEN HEILIGEN GEIST, DIE HEILIGE KATHOLISCHE (EVANGELISCHE CHRISTEN SAGEN: CHRISTLICHE) KIRCHE, GEMEINSCHAFT DER HEILIGEN, VERGEBUNG DER SÜNDEN, AUFERSTEHUNG DER TOTEN UND DAS EWIGE LEBEN. AMEN.

In der Karwoche, der Woche vor Ostern, wird des Sterbens Jesu gedacht: Am Gründonnerstag, der nach dem alten Wort „Greinen" für Weinen benannt ist, gedenken die Christen des Letzten Abendmahls, am Karfreitag trauern sie wegen Jesu Leiden bei der Kreuzigung und seines Todes. Früher war der Karfreitag der höchste Feiertag der evangelischen Christen, da sich Jesus an diesem Tag für die Menschen geopfert hat. Es ist ein stiller Tag, an dem in vielen christlichen Gegenden keinerlei Vergnügungsveranstaltungen stattfinden. Kreuzweg und Sterben Jesu werden in Gedanken und Gebeten nachvollzogen.

An Ostern, drei Tage später, feiern Christen die Auferstehung Jesu. Ostern ist ein beweglicher Feiertag im Frühjahr, dessen Datum sich nach dem Mondkalender richtet. Heute ist es für alle Christen der höchste Feiertag des Jahres. An Pfingsten gedenken Christen der Herabkunft des Heiligen Geistes und der Gründung ihrer Kirche. Daneben gibt es noch kleinere Feiertage wie Fronleichnam, Allerheiligen oder Allerseelen, die von Gemeinde zu Gemeinde unterschiedlich begangen werden. Evangelische Christen feiern am 31. Oktober den Reformationstag, an dem Martin Luther 1517 die Reformation in Gang gesetzt haben soll. In der katholischen Kirche ist fast jeder Tag im Jahr einem oder mehreren Heiligen gewidmet. Das waren Menschen, die im und für den Glauben Besonderes geleistet haben oder als Märtyrer gestorben sind. Sie wurden dafür nach ihrem Tod vom Papst erst selig und dann heilig gesprochen. Manche Katholiken feiern auch ihren Namenstag, den Tag, der dem Heiligen ihres Namens gewidmet ist.

OSTERN
Früher verbrachten christliche Gemeinden die Osternacht in Erwartung der Wiederkehr des Messias nach dem Vorbild des jüdischen Pessachfestes mit Lesungen und Gebeten.

Die Ökumene

Viele Christen sehnen sich danach, dass sich die Konfessionen wieder unter einem Dach vereinen, dass alle Gläubigen gemeinsam das Abendmahl feiern und sich als einzige große christliche Gemeinschaft verstehen. Diese Bewegung wird Ökumene genannt. Das Wort bedeutet „bewohnte Erde" und erinnert daran, dass die Jünger nach Jesu Tod die Frohe Botschaft in die Welt trugen, damit überall auf der Erde das Christentum Einzug halten konnte. Im Grundsatz sind sich die verschiedenen Kirchen zwar einig, ein echtes Zusammengehen scheiterte aber bislang vor allem an der Papstkirche. Sie hält daran fest, dass es eine christliche Einheit nur unter ihrem Dach geben könne, unter das die anderen Konfessionen zurückkehren müssten. Hauptstreitpunkt ist noch immer das unterschiedliche Verständnis der Präsenz von Jesu Leib und Blut während des Abendmahls. Deshalb sind Protestanten in katholischen Kirchen von der Eucharistiefeier ausgeschlossen.

WO ZWEI ODER DREI IN MEINEM NAMEN VERSAMMELT SIND, DA BIN ICH MITTEN UNTER IHNEN.
Matthäus-Evangelium 18, 20

348 christliche Glaubensgemeinschaften aus über 120 Ländern – fast alle bis auf die römisch-katholische Kirche – haben sich im Zeichen der Ökumene im Weltkirchenrat oder Ökumenischen Rat der Kirche zusammengeschlossen. Alle sieben Jahre treffen sich ihre Vertreter, Geistliche und Gläubige, zu einer Weltkirchenkonferenz. Dabei geht es neben dem gemeinsamen Gebet immer auch darum, was es für einen Christen heißt, den Auftrag Gottes zu erfüllen, in seinem Sinn zu leben, die Schöpfung zu bewahren und dem Gebot „Liebe deinen Nächsten" zu folgen: im kleinen Kreis, in der Gesellschaft und in der Welt.

ISLAM

ISLAM

„Allahu akbar", „Gott ist groß": Minarette, von denen der Muezzin fünf-mal am Tag die Gläubigen zum Gebet ruft. Muslime, die den Gebets-teppich unterm Arm am Freitag in ihre Moscheen eilen. Menschen, die im islamischen Ramadan einen ganzen Monat lang nicht rauchen, nichts essen, nichts trinken, solange die Sonne am Himmel steht. Die keinen Alkohol trinken und kein Schweinefleisch verzehren: Das alles steht für den Islam. Er ist mit 1,6 Milliarden Anhängern die zweitgrößte Religion der Welt und die dritte und „jüngste", die wie Juden und Christen an nur einen Gott glaubt.

Allah ist das arabische Wort für Gott. Und er ist derselbe Schöpfergott wie im Juden- und Christentum. Die Muslime achten deren Bibel als Offenbarung Gottes, ihr Heiliges Buch aber ist der Koran. Darin sind alle Glaubenswahrheiten und -gebote gesammelt, die Muhammad den Menschen im Namen Allahs überbrachte. Dem Koran wurden nach Mu-hammads Tod die Hadithe hinzugefügt: Aussprüche und Handlungen des Propheten, die von seinen Anhängern in der Sunna gesammelt wurden. Ähnlich wie der Talmud der Juden schreibt die Sunna den Muslimen genau vor, wie sie leben sollen. Auch sie glauben an die Auferstehung der Toten am Jüngsten Tag. Nach diesem Strafgericht Allahs winkt den Menschen entweder der Eingang ins Paradies oder die Verdammnis in der Hölle. Ihr Gründer ist Muhammad, nach dem Glauben der Muslime der letzte Prophet, den Gott den Menschen schickte.

gottes letzter prophet

Schweißgebadet und zitternd fährt der Mann aus dem Schlaf hoch: Was war das soeben? Hatte ihn der Wahnsinn gepackt? Oder war ein Dschinn, ein böser Geist, in ihn gefahren? Wieder einmal hatte Muhammad die Nacht draußen in der Wüste verbracht. Zum Schlafen hatte er sich in eine Höhle auf dem Berg Hira zurückgezogen. In der letzten Zeit flüchtete er immer häufiger vor dem Alltag, dem Geschäft, vor den Menschen, dem Trubel in seiner Heimatstadt Mekka. Dort drehte sich alles nur ums Geld. Das widerte ihn an. Draußen in der Natur versuchte Muhammad zu sich zu kommen, dachte nach über sich, die Götter, die Welt und den Sinn des Lebens. In der Abgeschiedenheit hoffte er zu innerer Ruhe und Frieden zu finden. Dabei konnte er sich über sein Leben eigentlich nicht beklagen: Der 40-Jährige war ein erfolgreicher Händler. Seine Familie war wohlhabend und sehr angesehen. Die Leute mochten ihn und schätzten seine Friedfertigkeit und seinen Sinn für Gerechtigkeit. Sie nannten ihn „El Amin", den Verlässlichen, und baten ihn oft um Rat. Muhammad hatte eine Frau, die ihn herzlich liebte und er sie. Er hatte vier Töchter. Seine drei Söhne hatte er allerdings verloren: War es die Trauer um ihren Tod, die ihn in die Schwermut getrieben hatte? Nein, da war noch etwas anderes. Irgendetwas fehlte in seinem Leben ... Nur: was?

Was ihm in der vergangenen Nacht widerfahren war, hatte Muhammad aufgewühlt wie noch nie etwas zuvor: Ihm war plötzlich eine Lichtgestalt erschienen. Das Wesen hielt ihm ein kostbares Tuch aus Brokat vor die Augen. Es forderte ihn auf, die Schriftzeichen darauf zu lesen. Aber wie sollte das gehen? Muhammad konnte zwar vieles – Lesen und Schreiben aber hatte er nie gelernt. „Ich kann das nicht!", antwortete er. Daraufhin packte ihn die Gestalt und herrschte ihn an: „Lies!" „Was soll ich lesen?", stotterte Muhammad verängstigt und hilflos. Sein Gegenüber fasste ihn noch härter an und wiederholte: „Lies, im Namen deines Herrn, der alles erschaffen hat, den Menschen aus einem Blutklümpchen erschaffen hat. Lies! Denn der Herr ist der Großmütigste, der dich durch die Feder belehrt hat, den Menschen lehrte, was er vordem nicht gewusst." Mit bebender Stimme wiederholte der so Genötigte die Worte des vermeintlichen Geistes – und der ließ endlich von ihm ab.

Danach war Muhammad aufgewacht – bibbernd vor Furcht. Was hatte das alles zu bedeuten? Stets hatte er Dichter, Poeten, Menschen verachtet, die sich darin gefielen, in gesalbten Worten zu reden. Er hielt sie für Besessene. War er nun etwa selbst dem Wahnsinn verfallen? Konnte er überhaupt zurückkehren in die Stadt? Wie sollte er seiner geliebten Frau, seiner Familie, seinen Leuten vor die Augen treten? Was würden sie von ihm denken, wenn er von dem nächtlichen Erlebnis erzählte? Muhammad schämte sich seiner Verwirrung. So verzweifelt war er, dass er lieber seinem Leben ein Ende setzen wollte, als sich dem Gespött auszusetzen. Er verließ die Höhle und stieg weiter hoch auf den Berg, fest entschlossen, sich von einem Felsen in die Tiefe zu stürzen. Da ertönte plötzlich eine Stimme vom Himmel: „Muhammad! Du bist der Gesandte Gottes, und ich bin Gabriel!" Verstört hob der Mekkaner den Kopf und blickte nach oben – und siehe da: Die Gestalt, die ihm in der Nacht erschienen war, stand mit den Füßen auf dem Horizont: Es war der Erzengel Gabriel, der noch einmal wiederholte: „Muhammad! Du bist der Prophet Gottes – und ich bin Gabriel."

So schildert der Koran, das Heilige Buch der Muslime, die Erleuchtung Muhammads im Jahr 610 unserer Zeitrechnung. In jener Nacht hatte Allah seinen letzten Propheten berufen. Vor ihm hatten schon andere wie Abraham, Mose und Jesus die Botschaft von dem alleinigen Gott unter die Leute gebracht. Muhammad aber wurde von Allah auserkoren, als letzter Prophet sein Wort zu verkünden. Nach ihm sollte es keinen weiteren göttlichen Boten auf Erden mehr geben. Von dieser Nacht der Berufung an empfing Muhammad immer wieder Mitteilungen von Allah, mit dem Auftrag, sie an die Menschen weiterzugeben. Allah lehrte seinen Gesandten die Geschichte von der Erschaffung der Welt und der ersten Menschen, die Berichte aus der Bibel, die Gebote für ein richtiges Leben und was nach dessen Ende geschehen wird.

Abul Kasim Muhammad Ibn Abdallah

Um die Geburt von Abul Kasim Muhammad Ibn Abdallah, wie der volle Name des Propheten lautet, ranken sich geheimnisvolle Legenden. Stattgefunden hat sie im Jahr 569 oder 570 unserer Zeitrechnung. Als seine Mutter Amina mit ihm schwanger war, soll sie ein Licht gesehen haben, das aus ihrem Körper nach außen drang. In anderen Überlieferungen heißt es, ein Strahlen habe für jeden sichtbar ihren Leib umgeben. Amina gehörte einer Sippe der Koraisch an, den Haschemiten. Sie wurde schon vor Geburt ihres Kindes Witwe, denn ihr Mann Abdullah starb im zweiten Monat ihrer Schwangerschaft. Amina gab ihrem Sohn den Namen Muhammad, „der Hochgepriesene". Er lebte mit seiner Mutter in Mekka bei seinem Großvater Abd al-Muttalib und wuchs dort in bescheidenen Verhältnissen auf. Bis zu seinem vierten Lebensjahr kümmerte sich eine Amme namens Halima um ihn.

DER KORAN
Im Koran wurden die göttlichen Botschaften in 114 Abschnitten, den Suren, gesammelt. Sie bestehen aus 6235 Versen und wurden nach Muhammads Tod der Länge nach geordnet, beginnend mit der umfangreichsten Sure, und auf Arabisch niedergeschrieben. Für Muslime ist Arabisch eine heilige Sprache, die jeder Gläubige mit der Koranlektüre lernen soll.

ALLAH
Den Namen Allah gab es schon vor Muhammad: Auch arabische Christen nannten ihren einen Gott „Allah" und tun das heute noch.

Als er in deren Obhut war, soll der Engel Gabriel das erste Mal in Muhammads Leben getreten sein: Er öffnete dem Kind die Brust und wusch sein Herz, bis es weiß und rein war wie ein edler Kristall.

Mit sechs verlor der Junge auch seine Mutter, zwei Jahre später den geliebten Großvater. Von da an erzog ihn sein Onkel Abu Talib, ein Kaufmann. Der blieb sein Leben lang für Muhammad einer der engsten Vertrauten, auch wenn er sich später nicht zu dem von seinem Neffen begründeten Glauben bekannte.

Dass es mit Muhammad etwas Besonderes auf sich hatte, erkannte nach der Überlieferung als erster ein christlicher Mönch mit Namen Bahira: Muhammad war damals zwölf Jahre alt und begleitete Abu Talib in einer Karawane. Die Händler aus Mekka waren unterwegs nach Syrien. Sie wollten in Damaskus ihre Waren verkaufen. An einem strahlend klaren Sonnentag fiel Bahira auf, dass über einer Person dieser Karawane beständig eine Wolke am Himmel herzog und ihr Schatten spendete. In alten Büchern hatte er gelesen, dass dies das Zeichen für die Ankunft eines neuen Propheten sei. Dieser Gesandte sollte außerdem unter den Schulterblättern ein Mal auf der Haut haben, das von Haaren umgeben war. Bahira lud die Männer der Karawane zum Essen ein und erfuhr, dass die Person unter der Wolke Muhammad war! Der Mönch staunte über die Klugheit des Jungen, als er sich mit ihm unterhielt. Mehr noch: Der Zwölfjährige trug tatsächlich das „Siegel des Propheten" am Rücken! Damit war für Bahira klar: Vor ihm stand der angekündigte neue Bote Gottes.

Muhammad wuchs zu einem stattlichen, gutaussehenden jungen Mann heran: Er war groß, schlank, hatte ein hübsches Gesicht, strahlende Augen und einen prächtigen Bart. Seine schulterlangen schwarzen Locken trug er meist geflochten in zwei oder vier Zöpfen. Er achtete sehr auf sich und salbte Hände und Gesicht mit duftenden Essenzen. Ebenso aber fiel er durch seine Freundlichkeit gegenüber seinen Mitmenschen und sein großes diplomatisches Geschick auf.

Eine Legende erzählt davon: In Muhammads Heimatstadt Mekka steht ein großes, würfelförmiges Gebäude, die Kaaba. Das Besondere an ihr ist ein Meteorit, der vor Urzeiten auf die Erde fiel. Um ihn herum wurde die Kaaba gebaut. Und durch sie wurde Mekka zu einem viel besuchten Pilgerort. Es gab in Arabien zwar auch Juden und Christen, die meisten Menschen aber waren Polytheisten, glaubten also an mehrere Götter.

ERBAUER DER KAABA
Die Araber glauben, dass ihr Stammvater, der biblische Abraham, und sein erster Sohn Ismael, die Kaaba erbauten.

In der Kaaba wurden all diese Götter verehrt. Ein jeder hatte eine Statue oder ein Bild in dem heiligen Gebäude, vor denen die Gläubigen beteten oder Opfer darbrachten. Auch die Christen Arabiens kamen zum Gebet dorthin. Als Muhammad ein junger Mann war, wurde die Kaaba renoviert. Dabei spielte sich Folgendes ab: Man hatte den Heiligen Stein vor die Kaaba getragen. Nach Abschluss der Arbeiten sollte er zurück an seinen Platz. Die Anführer der mächtigen Clans der Stadt stritten nun, wem die Ehre gebührte, den Meteoriten wieder in das Gebäude zu bringen. Die Männer prügelten sich fast, da schlug einer vor, man solle El Amin, Muhammad, um Rat fragen. Der überlegte nicht lange: Er nahm seinen Umhang von den Schultern und legte ihn auf die Erde. Die Männer rollten den schweren Meteoriten gemeinsam darauf, jeder von ihnen griff nach einem Stück des Tuches und so trugen sie den Stein in das Gebäude. Auf diese Weise waren alle daran beteiligt, dass der Stein wieder an seinen angestammten Platz kam.

Seinen Lebensunterhalt verdiente Muhammad als Begleiter von Karawanen. Er kam viel herum – und er war wissbegierig: Ihn interessierten nicht nur die Menschen fremder Länder, sondern auch deren Kultur und Glauben. So kam er auch in Berührung mit der jüdischen und der christlichen Religion, die ihn beide sehr beeindruckten. Die Händler schätzten seine absolute Zuverlässigkeit. Auch eine der reichsten und angesehensten Frauen Mekkas wurde auf ihn aufmerksam, die Witwe Chadidscha aus dem Stamm der mächtigen Koraisch. Sie stellte Muhammad als Geschäftsführer ein – und verliebte sich in ihn. Schließlich fragte die 15 Jahre ältere Frau, ob er sie heiraten wolle. Im Jahr 595 wurde Chadidscha Muhammads Frau.

> **DU BIST WAHRLICH DERJENIGE, DER DIE VERWANDT-SCHAFTSBANDE PFLEGT, DIE WAHRHEIT SPRICHT, DEN SCHWACHEN HILFT!**
>
> Ausspruch Chadidschas aus den Hadithen

Die Geburt des Islam

Noch immer verstört kehrte Muhammad nach jener mysteriösen Nacht auf dem Berg Hira zurück nach Mekka. Unter Tränen vertraute er sich Chadidscha an. Er fürchtete sich nach wie vor und war ratlos, was er nun tun solle. Doch seine Frau tröstete und ermutigte ihn, den Worten des Engels zu glauben: Er sei ein Prophet Gottes! Auf eine neue Botschaft von Allah musste Muhammad allerdings lange warten. Als Gabriel ihm dann endlich erneut erschien, gab er ihm den Auftrag, Gottes Botschaft unter die Menschen

MEKKA
Mekka war Knotenpunkt
zahlreicher Handelsstraßen.
Karawanen aus allen Him-
melsrichtungen machten hier
Rast und Geschäfte – und die
Kaaba machte die Einhei-
mischen noch reicher: Die
zahlreichen Pilger ließen viel
Geld in der Stadt. Die Glau-
bensvielfalt und die Toleranz
gegenüber allen Religionen
machten sich für Mekka in
jeder Hinsicht bezahlt.

zu tragen. Chadidscha war die erste Person, die sich von Muhammad zu dem
neuen, von ihrem Mann begründeten Glauben an einen einzigen Gott bekehren
ließ und das Bekenntnis ablegte: „Es gibt keinen Gott außer Allah und Muhammad
ist sein Prophet."

Chadidscha war die erste Muslima. Ihr folgten Muhammads Cousin Ali, sein
Freund Abu Bakr und sein früherer Sklave Zaid, den er freigelassen und als Sohn
angenommen hatte. Ali heiratete später Muhammads Tochter Fatima.

Anfangs teilte der Prophet die immer häufigeren Botschaften Allahs nur einem
kleinen Kreis seiner Vertrauten mit. Er verkündete ihnen, dass Allah keine anderen Götter oder Götzen neben sich dulde. Dass er der Schöpfer der Welt und der
Menschen sei, die für ihn und vor ihm alle gleich sind. Muhammad lehrte seine
Zuhörer die biblische Geschichte, wie Allah sie ihm verkündet hatte. Die wichtigste Botschaft aber war: Wer an Allah glaubt und seinen Gesetzen folgt, dem
winkt nach dem Tod und der Auferstehung am Jüngsten Tag ein ewiges Leben im
Paradies mit allen Freuden, die ein Mensch sich nur vorstellen kann. Die Sünder
aber würden nach dem Strafgericht Allahs in der Hölle mit unsäglichen Qualen
in ewiger Verdammnis enden. Dennoch sollten die Menschen keine Angst haben:
Allah ist nicht nur groß und mächtig, sondern auch gütig und barmherzig. Er verzeiht jedem, der seine Fehler bereut – und sei dies erst auf dem Totenbett.

Drei Jahre nach der ersten Offenbarung und seiner Berufung wagte sich Muhammad mit seiner Botschaft endlich unter die Leute. Die Mekkaner hielten ihn
anfangs für einen Spinner und machten sich über ihn lustig. Die Kinder auf der
Straße verspotteten ihn und zogen ihn am Bart – eine schwere Beleidigung und
Demütigung für einen Araber. Ein andermal wurde er mit den blutigen Einge-
weiden eines Tieres beworfen. Und was tat Muhammad? Statt sich zu wehren oder
die Übeltäter zu verfluchen, nahm er es nachsichtig lächelnd hin.

Mit der Zeit scharten sich immer mehr Anhänger um ihn: Vor allem für Arme
und Menschen in Not war seine Lehre – ähnlich wie die von Jesus – eine Botschaft, die ihnen Hoffnung gab. Allah forderte die Menschen auf, einander un-
abhängig von Stand oder Besitz beizustehen. Die mächtigen Clans in Mekka, vor
allem die Anführer der Koraisch, sahen Muhammads Treiben dagegen mit Misstrauen und wachsendem Unmut. Sie fürchteten um ihren Einfluss und sahen einen
Konkurrenten in ihrem Stammesbruder. Der hatte sogar seine Sklaven freigelas-

sen! Vor allem aber bangten sie um ihr Geld. Denn was würde es heißen, wenn die Menschen sich nur einem Gott, Allah, zuwenden würden? Dann drohte eine sprudelnde Einkommensquelle für Mekka zu versiegen. Nicht auszudenken, wenn die Pilger ausblieben!

Muhammad hingegen wurde immer mutiger: Er schalt nicht nur die Vielgötterei, sondern prangerte auch die moralische Verdorbenheit der Mekkaner an. Die ließen ihn zunächst zähneknirschend gewähren, denn Muhammad stand unter dem Schutz seiner einflussreichen, mächtigen Frau Chadidscha und seines geachteten Onkels Abu Talib. Andere der Muslime, der „sich Gott hingebenden Menschen", wie die Anhänger des Propheten genannt wurden, mussten dagegen bald schon um Leib und Leben fürchten: Etliche flohen aus Mekka nach Abessinien, in das heutige Äthiopien. Dort baten sie den christlichen Herrscher um Schutz, den der ihnen auch gewährte. Doch im Jahr 619 wendete sich das Blatt auch für Muhammad: Überraschend starben Chadidscha und Abu Talib. Jetzt wurde die Lage für den Propheten bedrohlich, denn für seine Gegner gab es keinen Grund mehr, ihn zu schonen: Selbst diejenigen Mitglieder seines Stamms der Haschemiten, die sich nicht seiner Lehre angeschlossen hatten, wurden von den Koraisch gemieden, vom Handel ausgeschlossen oder gar verfolgt. Als Muhammad schließlich erfuhr, dass die Mächtigen in Mekka ein Mordkomplott gegen ihn schmiedeten, verließ er mit seinen Glaubensbrüdern und -schwestern seine Heimat und ließ sich in Yathrib, einer Stadt nördlich seines Geburtsortes Mekka, nieder. Die Auswanderung im Jahr 622, die „Hidschra", ist der eigentliche Beginn des Islam. Mit ihr begann die muslimische Zeitrechnung, nach der der 16. Juli 622 unserer Zeitrechnung der erste Tag des ersten Jahres ist.

Die Nachtreise und die Himmelfahrt

Zuvor aber ereignete sich noch ein Wunder, das den Glauben von Muhammads Anhängern auf eine harte Prüfung stellte: die Nachtreise des Propheten von Mekka nach Jerusalem (die Muslime nennen die Stadt al-Quds). Innerhalb einer einzigen Nacht brachte Muhammad eine Strecke von 1200 Kilometern und wieder zurück hinter sich. Schon für den einfachen Weg brauchte man damals eigentlich einen ganzen Monat.

Diese wundersame Nacht begann damit, dass der Erzengel Gabriel Muhammad wieder einmal erschien. Der betete gerade in der Nähe der Kaaba. Gabriel führte Buraq mit sich, ein weißes geflügeltes Reittier. Er forderte den Propheten auf, das Tier zu besteigen und mit ihm nach Jerusalem zu reiten. Dort angekommen, führte Gabriel Muhammad zu einem Felsen auf dem Tempelberg, an den Ort, wo bis zur Zerstörung durch die Römer der alte jüdische Tempel gestanden hatte. Von dort aus stiegen die beiden in die sieben Himmel auf. Dort begegnete der Mekkaner den früheren Propheten, beginnend mit Adam, dem Urvater der Menschheit, Johannes („der Täufer" aus dem christlichen Evangelium), Jesus (die Muslime nennen ihn Isa), Idris, Moses Bruder Aaron, Mose selbst und schließlich Abraham. Muhammad sah die Hölle, in der die Verdammten grausamsten Qualen ausgesetzt waren, und das Paradies, das den Rechtgläubigen versprochen war: Dort warteten unvorstellbare Pracht, blühende Gärten und schöne Jungfrauen („Huris") auf sie. Am Rande des siebten Himmels schließlich stand eine goldene Leiter, auf der Muhammad hochstieg zu Allah selbst, der von gleißendem Licht umgeben war. Gott sprach nun direkt zu ihm und teilte ihm mit, wie die Gläubigen beten sollten: jeden Tag fünfmal und am Freitag gemeinsam.

GEBETSGEBOTE
Nach der Überlieferung forderte Allah ursprünglich 50 Gebete pro Tag von Muhammad und den Gläubigen. Doch Mose warnte Muhammad, dies sei zu viel verlangt. Deshalb bat der Allah, den Menschen einige Gebete zu erlassen. Schließlich ließ Gott es auf Bitten seines Propheten bei fünf Gebeten bewenden. Durch den Nachlass hatte Allah gezeigt, dass er es gut mit den Menschen meint.

Am nächsten Morgen war Muhammad zurück in Mekka und erzählte von seiner nächtlichen Reise. Nun hielten ihn die Leute für völlig verrückt und lachten ihn aus. Auch viele seiner Glaubensbrüder zweifelten an seinem Verstand, einige wandten sich sogar wieder von ihm ab. Muhammads Gegner fragten dessen Freund Abu Bakr, ob er diesen „Unsinn" glaube. Der antwortete: „Wenn Muhammad das sagt, so stimmt es!" Deshalb bekam er den Beinamen „Siddiq", was so viel heißt wie „der Wahrheitsliebende". Andere forderten Muhammad auf, Beweise für seine Reise vorzulegen, und fragten ihn, was er unterwegs gesehen und erlebt habe. Der Prophet berichtete unter anderem, dass ihm eine Karawane begegnet sei, die ein Tier verloren hatte. Er habe den Männern gesagt, wo sie es finden könnten, und danach von ihren Wasservorräten getrunken. Als die beschriebene Karawane Tage später in Mekka eintraf, bestätigten die Händler, dass sie tatsächlich nach einem Tier gesucht hätten und ihnen eine Stimme vom Himmel den Weg zu ihm gewiesen habe. Und am nächsten Morgen habe wahrhaftig etwas von ihren Wasservorräten gefehlt!

Medina – der erste Gottesstaat

Nach dem Tod von Chadidscha und Abu Talib durften die Muslime in Mekka ihren Glauben nicht mehr offen leben und zeigen: Zum Beten mussten sie sich verstecken oder gar vor die Stadttore gehen. Muhammads Lehre aber hatte sich inzwischen weit über Mekka hinaus herumgesprochen. Im 300 Kilometer nördlich gelegenen Yathrib kannte man den jetzigen Propheten noch aus seiner Zeit als Karawanenführer. Hinzu kam, dass dort Angehörige verschiedener Stämme, darunter jüdische und christliche, in ständigem Streit miteinander lebten. Muhammad war auch in Yathrib für sein großes diplomatisches Geschick bekannt. Deshalb luden ihn die Bewohner ein, sich bei ihnen niederzulassen. Sie waren überzeugt, wenn jemand einen Weg finden könne, um ihre Konflikte zu lösen, dann er. Vermutlich spielte aber auch eine Rolle, dass sie hofften, von seinem Ruf zu profitieren und so dem mächtigen Mekka den Rang streitig machen könnten.

Im Jahre 622 war es soweit: Die Muslime wanderten nach Yathrib aus. Später wurde es in Madina al-Nabi, Stadt des Propheten oder der Gerechtigkeit, umbenannt. Die Hidschra, wie diese Auswanderung genannt wird, ist der eigentliche

Beginn des Islam, denn in Yathrib entstand die erste richtige Glaubensgemeinschaft, die Umma. Hier konnten die Muslime ihre Religion ungehindert ausüben und nach ihren Gesetzen leben. Muhammad ließ ein Gotteshaus bauen, die erste Moschee. Moschee heißt „Ort der Niederwerfung", weil sich Muslime beim Gebet auf den Boden niederwerfen. Um die Gläubigen an die fünf Gebetszeiten zu erinnern, setzte Muhammad einen Ausrufer ein. Dieser erste Muezzin hieß Bilal. Der rief mit den Worten „Allah ist groß" die Muslime zur rechten Zeit zu den Gebeten. Damit bezeugten die Gläubigen auch, dass sie ihren Tagesablauf Allahs Geboten unterstellten.

Muhammad erhielt weiterhin Anweisungen von Allah, formulierte aber auch selbst Gesetze: Häufig waren es Antworten auf Streitfragen, die die Menschen in Medina umtrieben und die sie ihm vorlegten. In Arabien gab es zu dieser Zeit – anders als etwa im vormals mächtigen Römischen Reich – keine Rechtsordnung. Jeder Stamm herrschte nach eigenem Gutdünken, was immer wieder für Unfrieden sorgte. In Medina schuf Muhammad nun feste Regeln und Vorschriften. Neben dem Koran wurden die Hadithe, seine Worte und die Art und Weise, wie er lebte, zur Richtschnur für jegliches Handeln: den Alltag, für Geschäfte, für den Umgang miteinander, in den Familien und vieles mehr.

Kaum ein Gebiet blieb ausgespart. All seine Anweisungen wurden zunächst mündlich weitergegeben und erst nach Muhammads Tod aufgeschrieben und in der Sunna zusammengefasst. So gab es in den Anfängen des Islam keinen Unterschied zwischen weltlichem und religiösem Recht, beides war eins und wurde auf Allahs Willen zurückgeführt, der durch seinen Propheten offenbart wurde. Die Weisungen Muhammads betrafen nicht nur spirituelle und rituelle Fragen. Er verkündete Vorschriften zur Hygiene und zur Ernährung (Schweinefleisch zum Beispiel ist den Muslimen wie den Juden verboten), zu Eheschließung und Erbschaft, Steuern und Rechtsfragen, über die gebotene Hilfe für Arme, ja sogar zum Schutz der Tiere. Die grausame Unsitte, neugeborene Mädchen in der Wüste auszusetzen oder umzubringen, um sich lästige Esser vom Hals zu schaffen, wurde von Muhammad verboten. Er stellte ganze Strafkataloge auf: So ordnete er zum Beispiel an, Diebinnen und Dieben die Hand abzuhacken, Ehebrecher auszupeitschen und Gläubige, die sich vom Islam abgewandt hatten und dies nicht dreimal widerriefen, hinzurichten. Denn dies war das schwerste aller Vergehen. Diese sei-

SUNNA
Muhammad selbst unterschied streng zwischen den von Allah erteilten Weisungen, die im Koran aufgeführt sind, und den von ihm erlassenen Gesetzen, die erst viele Jahre nach seinem Tod in den Hadithen niedergeschrieben wurden.

MUHAMMAD UND
DIE TIERE
Eine Legende erzählt von
Muhammads großer Liebe zu
den Tieren: Eines Tages war
eine Katze auf dem Ärmel
seines Mantels eingeschlafen.
Er musste aber zum Gebet.
Um das Tier nicht zu wecken,
schnitt er einfach den Ärmel
ab. Bei seiner Rückkehr machte die Katze zum Dank einen
Buckel. Er verlieh ihr daraufhin die Fähigkeit, immer auf
vier Pfoten zu landen, wenn
sie irgendwo herunterfiel.

ne Gesetze liegen der Scharia zugrunde, der islamischen Rechtsordnung. Denn staatliche Gesetze gab es ja auch nach Muhammads Tod noch nicht.

Der Prophet legte auch fest, dass ein Mann höchstens vier Frauen haben darf und jeder von ihnen die gleiche Zuwendung und Hingabe schenken muss. Muhammad selbst hatte allerdings elf, möglicherweise sogar 13 Ehefrauen, darunter die Witwen von Gefolgsleuten oder Töchter von Stammesführern, die er so für sich gewinnen konnte. Seine Lieblingsfrau aber war Aischa, die Tochter seines Freundes Abu Bakr, in deren Armen er später starb. Nach der Überlieferung bat er sie um Verzeihung, wenn er zur Erfüllung seiner ehelichen Pflichten zu den anderen ging. Denn alle Ehefrauen haben das gleiche Anrecht auf Zuwendung und Befriedigung ihrer Lust, die den Frauen im Koran ausdrücklich zugestanden wird.

Der mächtigste Mann Arabiens

Tatsächlich schaffte es Muhammad durch seine Gesetze, in Medina Frieden zu schaffen. Da Juden und Christen – wie er – an nur einen Gott glaubten, wurden sie von ihm und seinen Anhängern als „Leute des Buches" oder der Schrift respektiert und geachtet. Dieses Buch ist die Bibel, die ja auch Grundlage des Islam ist. Juden und Christen konnten, anders als Anhänger der Vielgötterei, ihren Glauben ungehindert ausüben. Doch das änderte sich mit der Zeit – wegen Mekka.

Muhammad hatte nicht vergessen, dass seine Stammesbrüder in Mekka ihn hatten umbringen wollen. Auch waren er und seine Leute in Not: In ihrer neuen Heimat Medina hatten sie keinen Besitz und waren anfangs erwerbslos. Deshalb ließ der Prophet, der zugleich Staatsmann und Politiker war, Karawanen aus seiner Heimatstadt überfallen. Zwar verboten die Gesetze Allahs Gewalt, nicht aber, wenn es um das eigene Überleben ging. So rechtfertigte Muhammad sein Tun. Und schließlich wusste er: Solange Mekka als Nabel der arabischen Welt galt, war seine und die Macht seiner Religion bedroht. Als letzter Prophet Allahs sah er es zudem als seine Pflicht an, der Vielgötterei ein Ende zu machen. Und wenn dies nicht anders ging, musste es eben mit dem Schwert gehen! Wie zweischneidig dies war, erkannte er durchaus. Muhammad erklärte: „Das Schwert ist der Schlüssel zum Himmel und zur Hölle." Im Koran gibt es widersprüchliche Aussagen zum Schutz des Lebens. In einer Sure heißt es: „Wer einen Menschen tötet, das ist, als würde

man die ganze Menschheit töten." Anderswo steht dagegen über den Umgang mit Ungläubigen: „Erschlagt sie, wo immer ihr auf sie stoßt." In einem Punkt setzt der Koran Gewalt aber klare Grenzen: Sie darf nur der eigenen Verteidigung dienen.

Muhammad selbst führte 74 Kriege – auch in der eigenen Stadt. Nach einem Angriff der Mekkaner gegen Medina stellte sich heraus, dass eine jüdische Gruppe in der Stadt des Propheten gemeinsame Sache mit den Feinden gemacht hatte. Daraufhin ließ Muhammad alle Männer dieser Sippe hinrichten. Ihre Frauen und Kinder wurden versklavt. Letztlich aber ergab sich sein Heimatort vor Muhammads Truppen aus Medina – und der Prophet zog im Jahr 630 ohne einen einzigen Schwertstreich in Mekka ein. Als Erstes ließ er das Heiligtum der Stadt, die Kaaba, säubern: Alle Götzenbilder und Statuen wurden entfernt. Dann änderte er die Gebetsrichtung: Bislang hatten sich seine Anhänger beim Beten gen Jerusalem gewandt, dem Ort, von dem Muhammad auf seiner Nachtreise mit Buraq in den Himmel und zu Allah aufgestiegen war. Al-Quds, wie die Stadt auf Arabisch heißt, war auch für Juden und Christen eine heilige Stadt. Die Muslime aber hatten nun mit Mekka ihr heiliges Zentrum. Von nun an sollten sie sich beim Gebet dorthin wenden. Gegenüber seinen einstigen Feinden unter den Koraisch zeigte sich der Heimkehrer gnädig – und gewann sie schließlich auf friedlichem Weg für den neuen Glauben. Er selbst kehrte nach Medina zurück und lebte weiterhin dort.

Es folgte das Jahr der Gesandtschaften: Muhammad empfing die Führer der Stämme aus allen Teilen Arabiens. Einer nach dem anderen schwor der Vielgötterei ab und trat zum Islam über. Damit endete der Dauerkrieg zwischen den einzelnen arabischen Stämmen. Sie lebten friedlich unter dem Dach des islamischen Glaubens, in der „Umma", der Gemeinschaft der Muslime. Nicht nur in religiösen Belangen, auch im weltlichen Leben galten nun die Worte des Korans und des Propheten als oberste Gebote. Recht wurde nach der Scharia gesprochen. Muhammad war damit zum mächtigsten Mann Arabiens geworden. Fast die ganze Halbinsel hatte er unter dem Dach des Islam vereint. Den Siegeszug der von ihm gestifteten Religion in die Welt, nach Norden bis nach Afghanistan, nach Süden tief in den afrikanischen Kontinent hinein, nach Osten bis nach Indien und nach Westen rund ums Mittelmeer bis nach Spanien erlebte er aber nicht mehr: 632 pilgerte der Prophet ein letztes Mal zur Kaaba. Als er nach Medina zurückkam, überfiel ihn ein rätselhaftes Fieber und er starb in den Armen seiner Lieblingsfrau Aischa.

DER HEILIGE KRIEG
Mit dem Begriff vom „Heiligen Krieg" meinte Muhammad zweierlei: Der „Kleine Heilige Krieg" (Dschihad) ist der auf den Schlachtfeldern gegen Ungläubige, den er mit der Sure rechtfertigte: „Kampf in dieser Zeit wiegt schwer, aber jemanden abzuhalten vom Weg Gottes, das wiegt schwerer!" Wichtiger aber war ihm der „Große Heilige Krieg" (Mudschahada): Damit ist der geistige Kampf gegen persönliche Schwächen gemeint, den jeder Muslim im Bemühen um den richtigen Weg im Glauben führen muss. Wer den gewinnt, dem steht das Paradies offen.

Das Erbe Muhammads

Trotz seiner vielen Frauen blieb Muhammad ein männlicher Nachfolger verwehrt. Wer sein Erbe als religiöser und politischer Führer antreten sollte, hatte der Prophet nicht geregelt. Das führte zu Streit unter seinen Anhängern und schließlich zur Spaltung des Islam. Eine Gruppe war der Ansicht, so groß wie Muhammad könne nie wieder jemand sein: Schließlich war er der letzte Prophet Allahs, nach dem Gott keinen weiteren mehr schicken wird. Deshalb müsse sich die Umma, die religiöse Gemeinde, ihre Anführer künftig selbst wählen.

Der erste Kalif (von arabisch *chalifa:* Stellvertreter oder Nachfolger) wurde Muhammads Freund Abu Bakr, der Vater seiner Lieblingsfrau Aischa. Abu Bakr und die Umma richteten ihr Handeln an der Sunna aus, den überlieferten Worten des Propheten, die als Vorbild für alles Denken und Handeln gilt. Seine Anhänger nannten und nennen sich deshalb Sunniten. Andere dagegen forderten, nur ein Blutsverwandter Muhammads könne dessen Werk fortsetzen, und deshalb sei der Lieblingsneffe des Propheten, Ali, der rechtmäßige Nachfolger. Als Ali 661 ermordet wurde, spaltete sich dessen Gefolgschaft als Schiiten ab – abgeleitet von dem Begriff „Schiat Ali", Partei Alis. Die beiden religiösen Gruppierungen gibt es noch heute und es entstanden noch andere. Alle Muslime aber berufen sich auf den Koran, der unter dem dritten Kalifen Uthman niedergeschrieben wurde.

Anders sieht es mit den Hadithen aus, von denen es viele Tausend gibt und die ebenfalls erst lange nach Muhammads Tod gesammelt aufgeschrieben wurden: Die Schiiten erkennen nicht alle dieser Überlieferungen des Propheten an. Sie unterstellen seinen Gefährten, etliche gefälscht zu haben, obwohl jeder dieser Berichte aus dem Leben des Propheten mit genauer Auskunft über den Autor und seine Quellen beginnt. Eine Schilderung von Muhammads Nachtreise nach Jerusalem etwa liest sich so: „Der folgende Bericht kam mir von Abdallah b. Masud und Abu Said al-Khudri und Aischa, der Frau des Propheten, und Muawija b. Abu Sufyan und al-Hasan al-Basri und Ibn Shibab al-Zuhri und Qatada und anderen Überlieferungen und Hani, Tochter des Abu Talib. In diesem Bericht ist vereinigt, was jeder von ihnen über die Ereignisse erfahren hat, als der Prophet auf die nächtliche Reise geführt wurde. Nach Al-Hasan erzählte der Gottgesandte: …"
Erst dann folgt der Bericht Muhammads, um den es eigentlich geht.

ICH HINTERLASSE EUCH ZWEI DINGE, WODURCH IHR IN DER FOLGE NIE MEHR IRREGEHEN WERDET, WENN IHR EUCH DARAN HALTET: DEN KORAN UND DIE SUNNA.

aus den Hadithen

Der Weg in die Welt

Unter den Kalifen fühlten sich viele arabische Stämme nicht mehr an ihre Abmachungen mit Muhammad gebunden. Deshalb rief bereits der erste von ihnen, Abu Bakr, seine Gefolgsleute zum „Krieg gegen die Abtrünnigen" auf. Missionierung wie die Christen kannten die Muslime anfangs zwar nicht, aber sie bekämpften die Vielgötterei. Unter Abu Bakr konnten Christen und Juden im islamischen Herrschaftsgebiet ihrer Religion treu bleiben. Sie mussten allerdings eine Steuer zahlen, von der Arme und Kranke ausgenommen waren. Der zweite Kalif, Omar Ibn al-Khattab, der von 634 bis 644 an der Macht war, verbot dann aber den „Angehörigen der Religionen des Buches" das Tragen religiöser Symbole, den Bau neuer Kirchen und Synagogen sowie öffentliches Beten und Verkünden ihrer Lehre. Wer dem zuwider handelte, verlor alle Rechte und konnte enteignet werden. In der Zeit der ersten Kalifen begann der Siegeszug des Islam in die damals bekannte Welt: Geistiges und künstlerisches Zentrum wurde Bagdad, das um das Jahr 800 von Harun ar-Raschid prächtig ausgebaut wurde. Muslimische Truppen eroberten Palästina und Transjordanien, das Gebiet östlich des Jordans, und schließlich Byzanz (Istanbul). Auch Damaskus und Jerusalem gerieten unter muslimische Führung, ebenso Ägypten. Als es Juden und Christen im 11. Jahrhundert verboten wurde, ihre Heiligen Stätten in Jerusalem zu besuchen, und die Grabeskirche Jesu zerstört wurde, war der päpstliche Aufruf zur Rückeroberung der Heiligen Stadt Auslöser für die christlichen Kreuzzüge, die zu schrecklichen Gemetzeln führten.

Im Jahr 711 hatten islamische Krieger aus Afrika – Mauren, wie sie in Europa abgeleitet von dem alten Begriff „Mohren" genannt wurden – ihren Fuß von Marokko aus nach Spanien gesetzt. Zeugnis arabischer und muslimischer Kunst und

BILDERVERBOT
Im Koran gibt es zwar kein Bilderverbot, dennoch wird die Darstellung Allahs oder des Propheten vermieden. Muhammad wird – wenn überhaupt – meist mit einem Gesichtsschleier dargestellt. Auch Menschen wurden in der Buchmalerei nur sehr klein gezeigt, weil allein Allah die Schöpferrolle zusteht. Umso kunstvoller und prächtiger bildete sich die Kalligrafie aus, die arabische Schrift, denn das Wort gilt mehr als jedes Bild.

SUCHE
DAS WISSEN
UND SEI
ES IN CHINA!
Ausspruch des propheten
Muhammad

Architektur sind unter anderem die prächtigen maurischen Bauten im spanischen Granada und Córdoba, die in dieser Zeit entstanden. Im Norden breiteten sich die Muslime bis nach Afghanistan aus. Der Vormarsch der Araber und damit auch ihres Glaubens in Europa wurde erst 732 durch den Franken Karl Martell bei Tours und Poitiers im heutigen Frankreich gestoppt, der ihre Truppen zurückschlug.

Wo sich die Muslime aber dauerhaft niederließen, dorthin brachten sie Bildung, Kunst und Kultur mit – so wie Muhammad das laut der Hadithe gelehrt hatte: „Von der Wiege bis zur Bahre sollst du nach Wissen forschen, denn wer Wissen sucht, verehrt Gott." Gemäß der sozialen Verantwortung, die er forderte, entstanden im Orient bereits die ersten Krankenhäuser, während die Heilkunst in Europa noch unterentwickelt war.

Das Studium der Wissenschaften setzte der Prophet gleich mit der Pflicht zum täglichen Gebet. Die Lehre großer Geister wie etwa des griechischen Philosophen Aristoteles aus der Antike wurde von Arabern übersetzt und in Europa verbreitet. Auch arabische Kaufleute trugen den islamischen Glauben in die Welt: Durch sie verbreitete er sich auf dem afrikanischen Kontinent.

Wie im Christentum missbrauchten im Lauf der Jahrhunderte aber auch arabische Fürsten die Macht, zu der sie durch die Religion gekommen waren. Sie eroberten fremde Gebiete, um sie zu beherrschen. Im 16. und im 17. Jahrhundert standen osmanische Truppen vor Wien – und wurden schließlich verjagt. Mit der Kolonialisierung der anderen Kontinente durch die Westeuropäer verloren der Islam und mit ihm seine Kultur an Einfluss. Mit dem Ersten Weltkrieg ging das Osmanische Reich unter. In der heutigen Türkei, das über Jahrhunderte nach dem Untergang Bagdads das religiöse und politische Zentrum des Islam gewesen war, schaffte deren Gründer Kemal Atatürk 1924 das Kalifat ab und zog eine klare Trennung zwischen Religion und Staat. Dem folgten danach mit wenigen Ausnahmen die meisten islamischen Länder.

GELEHRSAMKEIT
Die Blütezeit des Islam im 8. und 9. Jahrhundert war eine Zeit der Kultur, Kunst und des Fortschritts. Muslimische Gelehrte gaben wichtige Impulse für Mathematik, Astronomie und Naturwissenschaften. Muslimische Araber brachten aus Indien die Zahlen und vor allem die Null mit und schließlich zu uns. Europa „lernte" dank der Araber im 12. Jahrhundert das Rechnen.

Die fünf säulen des islam

Wie wird man Muslim? Was sind die wichtigsten Pflichten, die ein Gläubiger erfüllen muss? Muhammad hat den Islam auf Fünf Säulen gestellt, wie die fundamentalen Regeln des Islam genannt werden. Es sind das Glaubensbekenntnis, die Schahada, das Gebet, Salat genannt, eine regelmäßige Abgabe für Bedürftige, die Zakat, das Fasten – Saum – während des Heiligen Monats Ramadan und der Hadsch, die Pilgerreise nach Mekka, die jeder Muslim einmal in seinem Leben antreten soll.

Die Schahada

Um Muslim zu werden, genügt es, sich vor Zeugen zu Allah und seinem Propheten Muhammad zu bekennen. Dieses Glaubensbekenntnis, das wie alle Gebete und auch die Texte des Korans auf Arabisch gesprochen wird, lautet: „La ilaha illa-llah, Muhammadun rasullu llah", zu Deutsch wörtlich: „Es gibt keine Gottheit außer Gott, Muhammad ist der Gesandte Gottes." Wenn ein Muslim stirbt, sollten dies die letzten Worte sein, die über seine Lippen kommen.

Auch Anders- oder Ungläubige können zum Islam übertreten, indem sie dieses Bekenntnis ablegen und die Schahada dreimal zitieren, ein Schritt, der nicht mehr rückgängig gemacht werden kann. Denn aus dem Islam kann man nicht austreten.

Salat

Die fünf Gebete, wie Allah sie Muhammad auferlegt hat, unterteilen den Tag. Das Morgengebet soll vor dem Sonnenaufgang stattfinden, es folgen das Mittags- und dann das Nachmittagsgebet. Den Tag beschließt das Beten nach Sonnenuntergang. Zwischen Eintritt der Dunkelheit und erstem Morgendämmern ist dann Zeit für das Nachtgebet. Am Freitag sollen sich Muslime in der Moschee gemeinsam zum Gebet versammeln. Vor dem Gebet steht die rituelle Reinigung von Gesicht, Händen, Unterarmen, Ohren und Füßen mit Wasser. Ist keines vorhanden, darf dies auch mit Sand geschehen. Der Boden, auf dem sich ein Betender niederknien und den er im Gebet mit der Stirn berühren muss, soll rein sein: Deshalb rollen Muslime dazu einen Teppich oder ein Stück Stoff aus. Das Freitagsgebet, zu dem sich Männer und Frauen getrennt in der Moschee versammeln, leitet ein Imam, ein Vorbeter, der es mit einer Predigt eröffnet. Zum Gebet wenden sich Muslime in Richtung Mekka.

WAS IHR AN GUTEM TUT, DARÜBER WEISS GOTT BESCHEID.
Koran, aus Sure 2, Vers 115

Zakat

Allah ist gütig gegenüber den Menschen – deshalb sollen die Menschen selbst auch Güte gegen ihre Glaubensbrüder und -schwestern zeigen, die bedürftig sind. Jeder Muslim muss deshalb die Almosensteuer Zakat zahlen, die an Arme weitergegeben wird. Ihre Höhe richtet sich nach dem eigenen Einkommen und Vermögen. Meistens wird sie in der Moschee eingesammelt und dann verteilt. Muslime dürfen sie aber auch direkt jemandem zukommen lassen, der in Not ist und Unterstützung braucht.

Saum

Der Ramadan ist der Fastenmonat des Islam – in Erinnerung an den Beginn der göttlichen Offenbarungen gegenüber Muhammad. Da sich der islamische Kalender am Mond orientiert, wandert der Ramadan durchs Jahr. Von Beginn der Morgendämmerung an, wenn, wie es im Koran heißt, ein weißer von einem schwarzen Faden unterschieden werden kann, sollen Muslime bis zum Sonnenuntergang weder essen noch trinken. Nur Kinder, Kranke und Schwangere sind davon ausgenommen. Kranke können das Fasten, Saum genannt, dann nachholen. Der Ramadan dient der Besinnung auf Allah, seine Gebote und den Glauben. Zugleich dient er aber auch dem Zusammenhalt der Muslime: Nach Sonnenuntergang treffen sich Familien und Freunde häufig zum gemeinsamen Fastenbrechen. In manchen islamischen Gemeinden wird dann auch Essen an Arme verteilt. Während der 29 oder 30 Tage dieses heiligen Monats sollen Muslime tagsüber auch auf Tabak und Geschlechtsverkehr verzichten und besonders darauf achten, nicht zu lügen oder zu fluchen, streiten oder böse Gedanken zu hegen. Der Ramadan endet mit Erscheinen der ersten, zarten Sichel des neuen Mondes am Himmel.

Hadsch

Mindestens einmal in seinem Leben soll jeder erwachsene Gläubige nach Mekka pilgern, sofern das irgend möglich ist. Diese Wallfahrt, der Hadsch, ist für viele Muslime schon wegen der langen Anreise eine teure Angelegenheit, die sich nicht jeder leisten kann. Dennoch brechen jährlich über zwei Millionen Gläubige zu dieser Wallfahrt in die Heilige Stadt auf, um die Kaaba zu besuchen. Der „große" Hadsch ist immer im letzten Mondmonat des islamischen Kalenders, den „kleinen" kann jeder individuell antreten. Die Pilger dürfen sich während des Hadsch nicht rasieren, kämmen, parfümieren und Haare oder Nägel schneiden. Wer den „heiligen Bezirk" betritt, der sich über 300 Kilometer zwischen Mekka, Dschidda und Medina erstreckt, muss seine persönliche Kleidung ablegen und ein besonderes Gewand aus weißen Tüchern sowie Sandalen anziehen. Damit ist jeder gleich und niemandem anzusehen, ob er arm oder reich ist und aus welchem Land er kommt.

Die Zeremonien in Mekka sind sehr eindrucksvoll und laufen nach bestimmten Regeln ab: Die Gläubigen umschreiten siebenmal die Kaaba und küssen den schwarzen Stein. Dann wird die Strecke zwischen zwei nahegelegenen Hügeln siebenmal im Laufschritt zurückgelegt. Damit erinnern sich die Muslime daran, wie Hagar, die Mutter von Abrahams erstem Sohn Ismael, in der Wüste umherirrte, nachdem er sie mit dem Kind weggeschickt hatte. Ein Tag des Hadsch dient der Meditation, und schließlich wirft die Pilgergemeinde Steinchen auf drei Haufen – als symbolische Steinigung des Satans. Die Wallfahrt nach Mekka öffnet die Pforte zum Paradies. Wer sie vollzogen hat, darf sich Hadschi nennen und ist hoch angesehen.

gelebter glaube

Die Moschee

Die muslimischen Gebetshäuser sehen in jedem Land anders aus. Jede Moschee hat aber gewöhnlich einen hohen, schlanken Turm, ein Minarett, das durch seine Größe die Erhabenheit Gottes symbolisiert. Von dort aus ruft der Muezzin, so wie Bilal in Medina, zum Gebet. Heute kommt der Gebetsruf aber vielerorts aus der „Konserve", vom Band oder einer CD, und wird von Lautsprechern übertragen. In einer Moschee gibt es eine Nische, den Mihrab, der nach Mekka zeigt, und eine Kanzel, den Minbar, von dem der Imam, der Vorbeter und Vorsitzende der muslimischen Gemeinde, freitags predigt. Denn am Freitag sollen sich alle Gläubigen zum gemeinsamen Gebet versammeln. Stühle oder Bänke, wie etwa in christlichen Kirchen, gibt es in Moscheen nicht. Der Boden ist mit Teppichen bedeckt, auf den sich die Muslime mit Blick Richtung Mekka, besser gesagt: der Kaaba, knien und entsprechend den Gebetsregeln niederwerfen. Moschee heißt „Ort der Niederwerfung". Meistens gibt es getrennte Räume für Frauen und Männer. Entweder im Vorhof der Moschee oder in einem Vorraum finden die Gläubigen einen Brunnen oder Becken, an denen sie ihre rituellen Reinigungen vornehmen können. Bevor man eine Moschee betritt, muss man die Schuhe ausziehen. In Ländern, in denen Muslime eine Minderheit sind, wird es ihnen, wie auch bei uns in Deutschland, oft schwer gemacht, eine richtige Moschee zu bauen. Dann versammeln sich die Gläubigen zu ihrem Freitagsgebet wenigstens in einem Gebetsraum.

Heilige Stätten und Feste

Neben Mekka, der Geburtsstadt des Propheten, sind Medina und Jerusalem heilige Städte des Islam. In Medina gründete Muhammad nach seinem Auszug aus Mekka den ersten Gottesstaat. Er wurde unter dem Haus seiner Lieblingsfrau Aischa begraben. Dort steht auch die Große Moschee, die von 707 bis 709 erbaut wurde. Direkt über dem Grab des Propheten erhebt sich eine Kuppel mit grünem Dach. Mekka und Medina dürfen nur von Muslimen betreten werden. Die dritte heilige Stadt ist Jerusalem – von wo aus Muhammad während seiner Nachtreise in den Himmel aufstieg. Auf dem dortigen Tempelplatz wurde über dem Fels, an dem

ASCHURA
Die Schiiten begehen als hohes Fest auch Aschura am zehnten Tag des ersten islamischen Mondmonats. Sie gedenken dabei des Todes ihres dritten Imam Husain, des Sohnes von Ali und Fatima. Obwohl nicht gern gesehen, geißeln sich vor allem im Iran an diesem Tag Gläubige öffentlich, indem sie sich mit Ketten und Dornen den Rücken blutig schlagen.

EUCH IST VORGE-SCHRIEBEN ZU FASTEN (...) DAMIT IHR SELBSTBE-HERRSCHUNG LERNT.
Koran, aus Sure 2, Vers 183-187

Abraham nach jüdischer Überlieferung die Opferstätte für seinen Sohn Isaak errichtet haben soll, 691 ein achteckiger Schrein als Gebetsstätte gebaut: der berühmte Felsendom mit seiner vergoldeten Kuppel. Er ist das älteste islamische Bauwerk. Auf demselben Gelände steht das dritte Ziel muslimischer Pilger in Jerusalem: die al-Aqsa-Moschee. Für die Schiiten ist auch die Grabstätte ihres Gründers Ali in Nadschaf im heutigen Irak ein heiliger Ort.

Das größte Ereignis im Leben eines Muslims ist der Hadsch. Auch wer nicht zum Hadsch in Mekka weilt, begeht am zehnten Tag des Wallfahrtsmonats id al-adha, das Opferfest. Dazu versammeln sich die Gläubigen in der Moschee, wo die Predigt Muhammads, die er bei seinem letzten Besuch der Kaaba hielt, verlesen wird. Anschließend wird ein Tier durch Schächten geschlachtet. Das heißt, dass es mit einem scharfen Schnitt durch die Kehle getötet wird, damit es richtig ausbluten kann. Das Fest erinnert daran, dass Abraham so sehr auf Gott vertraute, dass er sogar seinen Sohn auf dessen Geheiß geopfert hätte.

Die wichtigste Zeit im Jahr ist für Muslime der Ramadan, der mit dem zweitwichtigsten Fest id al-fitr beendet wird. Drei Tage lang wird fröhlich gefeiert und Allah für seine Unterstützung in der Zeit der Entbehrung gedankt. Man beschenkt sich gegenseitig und die Kinder bekommen Süßigkeiten, weshalb es auch Zuckerfest heißt.

Der muslimische Lebenslauf

Eine Taufe wie im Christentum kennt der Islam nicht, wohl aber eine Zeremonie für Neugeborene: das Sprechen der Schahada, des Glaubensbekenntnisses, ins Ohr des Babys kurz nach seiner Geburt. Sieben Tage später bekommt es vor Familie und Freunden seinen Namen. Für Jungen ist der Tag der Beschneidung wichtig: Es ist ein Ritual der Reinigung und wichtiges Zeichen der Zugehörigkeit zur Glaubensgemeinschaft. Meist werden die Jungen im Alter von sieben oder 14 Jahren beschnitten. Der Koran schreibt dies aber nicht vor. Die Beschneidung entstammt der Sunna und beruht auf alten arabischen Traditionen. Mädchen zu beschneiden ist im Islam ausdrücklich untersagt.

Beginnt ein Kind – meist im Alter von fünf Jahren – damit, das Lesen des Korans und dadurch der arabischen Schrift zu lernen, wird dies mit einem Familienfest gefeiert. Ebenso der Tag, an dem es mindestens die Hälfte des Heiligen Buches lesen kann.

Die Eheschließung eines Paares ist kein religiöses Fest, wird aber vor zwei erwachsenen Muslimen als Zeugen vorgenommen. Die Frau muss dabei öffentlich der Heirat zustimmen und bestätigen, dass sie Mitgift erhalten hat. Die Hälfte bekommt sie sofort ausbezahlt, die andere wird für den Fall einer Scheidung zurückgelegt. Beschlossen wird die Heirat mit der Rezitation der ersten Sure im Koran, der Fatiha („die Eröffnende").

Spürt ein Muslim sein Ende nahen, soll er sich noch einmal reinigen und die Schahada sprechen. Der Verstorbene wird dann in die Moschee gebracht, wo der Imam Totengebete für ihn spricht. Bestattet werden Muslime in ein Leintuch gewickelt, manchmal auch in einem Sarg auf der Seite liegend mit Blickrichtung gen Mekka. Nur Märtyrer, Menschen, die für ihren Glauben gestorben sind, werden weder gewaschen noch umgekleidet: Ihre Wunden sollen Zeugnis von ihrem Opfertod geben.

islam heute

Beim Hadsch, der jährlichen Wallfahrt von Millionen Muslimen nach Mekka, kommen Gläubige aus aller Herren Länder zusammen: Araber, andere Afrikaner, Asiaten, Amerikaner, Australier, Europäer beten dort jeder für sich und doch alle gemeinsam zu Allah, und zwar Männer wie Frauen. Es gibt weder Rassismus noch Rangunterschiede. Niemandem ist anzusehen, woher er stammt, ob er reich ist oder arm. Ganz wie es im Koran steht: Vor und für Gott sind alle gleich. In keiner anderen Religion gibt es ein solch beeindruckendes Zeugnis des Glaubens. Aber auch die Fürsorge für Arme, das Innehalten und die Besinnung bei den täglichen Gebeten und dem Zusammenkommen am Freitag in den Moscheen zeigen, dass das Leben von Muslimen an Allah ausgerichtet ist. Viele demonstrieren dies nicht nach außen, sondern kommen ihm nach, wie sie es für sich für angemessen halten und es mit ihrem Alltag vereinbaren können. Im Koran heißt es: „Es gibt keinen Zwang im Glauben." Über Jahrhunderte galt der Islam als friedliche, weltoffene, tolerante Religion, die auch Un- und Andersgläubige achtet. Viele Suren fordern im Koran zum eigenen Nachdenken auf – dreimal so viele wie die Ge- und Verbote, die das Heilige Buch enthält. Darin liegt die Wurzel für seine großen kulturellen und wissenschaftlichen Leistungen. Mit dem Ende der weltlichen Macht der muslimischen Herrscher trat allerdings Stillstand ein: Die Glaubenslehren des Korans blieben starr und wurden trotz der Weiterentwicklung der Welt nicht neu interpretiert. Dabei fragen sich viele Muslime, wie Allah seine Gebote wohl heute, im 21. Jahrhundert, formulieren würde.

Konservative Muslime dagegen klammern sich fest an Themen wie Kopftuch- oder Schleierpflicht für Mädchen, verbieten ihren Töchtern den Besuch des schulischen Schwimmunterrichts, halten an uralten Traditionen fest wie der, dass Frauen nicht die gleichen Rechte haben wie ein Mann. Weder dies, noch der Brauch der unseligen Zwangsheiraten, geschweige denn Blutrache haben etwas mit dem Koran zu tun. Es sind längst überkommene gesellschaftliche Bräuche aus der Zeit arabischer Stammesfürsten und archaischer Gesellschaften. Es ist noch gar nicht so lange her, dass auch Christen ihre Töchter verstießen, wenn sie „Schande" über ihre Familie gebracht hatten oder dass Pfarrer von der Kanzel schimpften, wenn weibliche Gläubige ohne Kopftuch vor dem Altar erschienen.

NIEMAND IST EINEM ANDEREN ÜBERLEGEN, AUSSER IN DER GOTTES-FURCHT UND IN GUTER TAT.
muhammad in seiner letzten predigt

Islamische Gelehrte, aber auch Gläubige ringen darum, ihre Heiligen Schriften zwar nicht zu erneuern – da der Koran direkt von Gott gegeben ist, ist das gar nicht möglich –, aber zeitgemäß auszulegen. Ein islamischer Religionswissenschaftler meinte gar, was seinem Glauben fehle, sei so etwas wie ein „Martin Luther", ein Reformator, wie es ihn im Christentum gab. Doch der Islam kennt keinen obersten Religionsführer. In Zweifelsfragen ist der örtliche Mufti gefragt. Dessen Antworten hängen immer davon ab, in welcher Gesellschaft die Gemeinschaft lebt, zu der er gehört. Deshalb sehen sie in den USA oder Europa anders aus als in Arabien oder Afrika, wobei es innerhalb der Regionen wiederum große Unterschiede gibt. In Ländern wie Saudi-Arabien ist religiöses zugleich staatliches Recht. Dort darf keine Frau ohne Schleier in die Öffentlichkeit gehen. Selbst Autofahren ist ihnen verboten.

Wie dringend die Menschen nach Orientierung suchen, sieht man daran, dass auch in aufgeklärten, modernen Gesellschaften Gläubige zu alten Traditionen zurückkehren: Nicht jede Frau in Europa, die ein Kopftuch trägt, wird dazu gezwungen. Manche wollen damit die Zugehörigkeit zum Islam zeigen, andere fühlen sich einfach mit bedecktem Haupt wohler.

In den letzten Jahrzehnten haben Fundamentalisten und islamistische Terroristen ihrer Religion großen Schaden zugefügt: Sie versuchen, mit der Autorität des Islam ihre persönlichen Ziele und Moralvorstellungen mit Gewalt durchzusetzen. Sie nehmen sich das Recht, im Namen Allahs über Leben und Tod zu entscheiden. Dabei ist es ihm vorbehalten, am Jüngsten Tag über die Menschen zu richten. Diese Extremisten berufen sich auf die Verteidigung des Islam, der nach ihrem Verständnis von der westlichen, modernen Lebensweise bedroht wird. Der westlichen Welt, allen voran den USA, werfen sie vor, die muslimischen Länder zu unterdrücken und auszubeuten und mit ihrer gottlosen Lebensweise vom rechten Glauben abzubringen. Diese Extremisten sind nur eine kleine Minderheit, die die Religion zum Vorwand nehmen, um machtpolitische Ziele durchzusetzen. Zu leiden haben unter ihrem Treiben nicht nur die Opfer, sondern alle Muslime, die wegen ihrer Religion von gedankenlosen Mitmenschen unter Generalverdacht gestellt werden. Das wiederum verschafft den Fundamentalisten neuen Zulauf, ein gefährlicher Teufelskreis, den wir alle gemeinsam, Gläubige und Ungläubige, Religion, Politik und Gesellschaften durchbrechen müssen.

ISLAM IN ALLER WELT
Islam heißt Hingabe an Gott. Er ist die Religion, die derzeit, auch in westlichen Ländern, mehr Zulauf hat als jede andere. Die meisten Muslime leben heute in Asien.

SCHLUSS

Jede Religion bietet einen anderen Weg zum „Heil", zum Gelingen des Lebens an. In den Überlieferungen vor allem über ihre wichtigsten Figuren oder Begründer ähneln oder gleichen sie sich aber erstaunlich. Jungfrauengeburten gab es sogar schon in der antiken Götterwelt. Buddha wurde gezeugt, indem ein Elefant in die Hüfte seiner Mutter eindrang. Sara schenkte Abraham einen Sohn, obwohl sie in ihrem Alter eigentlich kein Kind mehr hätte bekommen können. Marias Sohn Jesus entsprang allein dem Willen Gottes. Als Zwölfjähriger wurde er im Tempel durch seine außergewöhnliche Klugheit als besonderer Mensch erkannt, Muhammad im selben Alter von einem Mönch. Buddha, Mose, Jesus und Muhammad wurden in der Einsamkeit der Wildnis oder Wüste erleuchtet. Dort erkannten sie ihre Lehre oder bekamen – wie Mose und Muhammad – ihre Weisung von Gott. Jesus zog sich für 40 Tage zurück und wurde als Eremit in der Wüste vom Teufel versucht, so wie Buddha von Dämonen. Beide begannen erst danach zu predigen. In allen Religionen spielen Zeiten des Fastens und der Genügsamkeit eine Rolle, sollen zur Besinnung und Einkehr führen – Beten ist nichts anderes als eine Form der Meditation, wie Hindus und Buddhisten sie kennen. Schon immer vertrieben die Menschen böse Geister mit Feuer und Rauch. Hindus und Buddhisten stellen Räucherstäbchen auf. Juden ist die Menora, der mehrarmige Leuchter, heilig. Die katholischen Christen „reinigen" ihre Gotteshäuser mit Weihrauch und erweisen damit zugleich ihrem Gott die Ehre, denn Weihrauch ist kostbar und teuer. In allen Religionen spielt Wasser eine große Rolle: Hindus waschen sich im Ganges oder anderen Heiligen Flüssen rein und verstreuen dort die Asche ihrer Toten. Juden tauchen in das Bad der Mikwe, Christ wird man durch die Taufe mit Wasser. In katholischen Kirchen benetzen sich die Gläubigen beim Betreten die Finger mit Weihwasser. Muslime vollziehen vor dem Gebet rituelle Reinigungen. Dass dies statt mit Wasser auch mit Sand geschehen kann, ist der Entstehung ihres Glaubens in der Wüste Arabiens geschuldet. Und schließlich ist allen dieses Ziel gemeinsam: die Einkehr in die ewige Ruhe. Für Hindus und Buddhisten endet der Kreislauf der irdischen Wiedergeburten mit dem Vergehen der Seele. In den monotheistischen, abrahamitischen oder mosaischen Religionen, die nur den einen Gott kennen und sich auf Abraham und Mose berufen, also im Judentum, Christentum und Islam, endet mit dem Tod nur das irdische Dasein des Körpers, den die Seele verlässt. Beim Jüngsten Gericht werden alle Menschen auferweckt und mit Leib und Seele von Gott in ein ewiges Leben im Paradies gerufen oder der Verdammnis preisgegeben. Auch deshalb waren Feuerbestattungen früher streng verboten. Ihr Gott ist ein barmherziger, gnädiger und bereit, auch große Verfehlungen und Sünden zu verzeihen.

Aber auch in vielen weltlichen Dingen ähneln sich die Religionen. Heute steht vor allem der Islam wegen der Frage nach Gewalt und der Unterdrückung von Frauen im Blickpunkt und in der Kritik. Dabei sind dies Relikte aus alten Zeiten. Wer das Alte und das Neue Testament der Bibel liest, wird dort auf viele Verse stoßen, in denen Gewalt gerechtfertigt wird, und manche Passagen sind an Frauenfeindlichkeit kaum zu überbieten. Heute würde sich niemand mehr darauf berufen. In der katholischen Kirche kämpfen Frauen allerdings noch immer um die Zulassung zum Priestertum. Auch im Hinduismus und Buddhismus sind viele Dinge Männern vorbehalten. Weibliche Sadhus, also Heilige, gibt es kaum, ebenso wenig wie religiöse Lehrerinnen. Und die Witwenverbrennungen liefen mitnichten immer freiwillig ab. Das Kastenwesen ist heute verboten. Es war menschenverachtend und pure Unterdrückung vor allem der Ärmsten der Armen. Fundamentalismus war – bis auf den Buddhismus – im Lauf der Geschichte keiner Religion fremd. Im Hinduismus ist jeder Gläubige frei, sich an den ihm liebsten Gott zu wenden, Buddhisten suchen ihr Heil in der persönlichen Befreiung. Heute steht für alle Religionen der Schutz des Lebens an oberster Stelle. Juden, Christen und Muslime eint nicht nur der Glaube an denselben Gott, sondern auch ihr Gruß: Shalom, Friede sei mit euch, Salam Aleikum – verschiedene Worte, der gleiche Segenswunsch.

REGISTER

QUELLENNACHWEIS

RELIGIONEN ALLGEMEIN

Aus der Reihe: Die großen Religionen der Welt, die Bände:
Gard, Richard A.: Der Buddhismus
Hertzberg, Arthur: Der Judaismus
Renou, Louis: Der Hinduismus
Williams, John Alden: Der Islam
Edito-Service S. A., Genf 1972/1973

Antes, Peter: Grundriss der Religionsgeschichte
Kohlhammer, Stuttgart 2006

**Gellmann, Rabbi Marc/Hartmann, Monsignor Thomas:
Wie buchstabiert man Gott?**
Carlsen, Hamburg 1996

**Golzio, Karl-Heinz:
Basiswissen Weltreligionen**
Gütersloher Verlagshaus, Gütersloh 2002

**Köhler, Peter:
50 Klassiker Religionen**
Gerstenberg, Hildesheim 2010

**Salvir, Gaetano:
Die Weltreligionen**
Bertelsmann, München 2001

Schulz-Reiss, Christine: Was glaubt die Welt? Die fünf großen Religionen
Loewe, Bindlach 2004

**Staguhn, Gerhard:
Gott und die Götter**
Hanser, München und Wien 2003

**Tworuschka, Monika und Udo:
Lexikon Weltreligionen – Kindern erklärt**
Gütersloher Verlagshaus, Gütersloh 2003

**Weitz, Burkhard: Nachgefragt:
Weltreligionen – Basiswissen zum Mitreden**
Loewe, Bindlach 2007

Zitelmann, Arnulf: Die Weltreligionen
Campus, Frankfurt am Main 2002

HINDUISMUS

**Gunturu, Vanamali: Hinduismus –
Die große Religion Indiens**
Heinrich Hugendubel Verlag, München 2000

Scholz, Werner: Hinduismus
DuMont, Köln 2000

BUDDHISMUS

**Landaw, Jonathan/Brooke, Janet:
Prinz Siddhartha**
Diamant, München 1999

**Scheck, Frank Rainer/
Görgens, Manfred: Buddhismus**
DuMont, Köln 2002

JUDENTUM

**Hüttermann, Aloys P. und Aloys H.:
Am Anfang war die Ökologie –
Naturverständnis im Alten Testament**
Herder, Freiburg im Breisgau 2004

Kayales, Christina/Fehland van der Vegt, Astrid (Hrsg.): Was jeder vom Judentum wissen muss
Gütersloher Verlagshaus, Gütersloh 2005

CHRISTENTUM

Antes, Peter: Christentum. Eine religionswissenschaftliche Einführung
LIT Verlag, Münster 2012

**Einheitsübersetzung: Die Bibel –
Altes und Neues Testament**
Katholische Bibelanstalt, Stuttgart 2006

Fischer, Helmut: Christentum
DuMont, Köln 2001

**Schulz-Reiss, Christine:
Christentum – Geschichte, Glaube und Gemeinschaft**
Gerstenberg, Hildesheim 2011

ISLAM

**Ben Jelloun, Tahar:
Papa, was ist der Islam?**
Berlin Verlag, Berlin 2002

**Kaddor, Lamya/Müller, Rabeya:
Der Koran für Kinder und Erwachsene**
Beck, München 2010

Kaddor, Lamya: Islam. Geschichte, Glaube und Gesellschaft,
Gerstenberg Verlag, Hildesheim 2012

Weiss, Walter M.: Islam
DuMont, Köln 2003

BEGEGNUNG mit den fünf großen Weltreligionen

Wo lernt man Religionen besser kennen als an Orten, die den jeweiligen Gläubigen wichtig sind und an denen sie zusammenkommen? Dazu muss man nicht an die Heiligen Stätten in fernen Ländern reisen. Auch bei uns gibt es zahlreiche Gebetsstätten, Kirchen, Synagogen, Tempel, religiöse Zentren, in denen Nicht- und Andersgläubige als Besucher willkommen sind. Sie laden ein zum Gedankenaustausch oder zum Eintauchen in die besondere Atmosphäre der verschiedenen Kulte und Riten, Kunst und Religiosität. Einige außergewöhnliche und berühmte Orte stellen wir nachfolgend als Anregung vor.

HINDU-TEMPEL
DEUTSCHLAND
Der Sri Kamadchi Ampal-Tempel im westfälischen Hamm ist einer der größten Anziehungspunkte und Versammlungsorte für Hindus aus ganz Europa. Besucher auch aus anderen Religionen sind hier ausdrücklich nicht nur zu Prozessionen und Festen willkommen.
Siegenbeck-Straße 4-5, 59071 Hamm-Uentrop
www.kamadchi-ampal.de

BUDDHISTISCHE ZENTREN
DEUTSCHLAND
Das Vesakh-Fest, im Jahr 2000 von der UNO als offizieller weltweiter buddhistischer Feiertag anerkannt, bietet vielerorts eine gute Gelegenheit zu Begegnungen mit Menschen dieses Glaubens und ihren Ritualen. Es findet am ersten Vollmond im Mai statt, in München etwa im Westpark oder in Hamburg in den Großen Wallanlagen im Park Planten un Blomen.
Liste der Vesakh-Feste in Deutschland unter
www.vesakh.de
Buddhistische Zentren unter *www.buddhismus-deutschland.de*

Der älteste buddhistische Tempel Europas befindet sich in Berlin: das Buddhistische Haus, das 1924 errichtet wurde und von buddhistischen Mönchen aus der ganzen Welt bewohnt wird. Bei Interesse werden auch Gruppenführungen und Vorträge zur Einführung in den Buddhismus veranstaltet.
Edelhofdamm 54, 13465 Berlin
www.das-buddhistische-haus.de

ÖSTERREICH
Die Friedenspagode Wien ist ein rund 26 Meter hoher buddhistischer Stupa, der zwischen 1982 und 1983 von japanischen Mönchen des Nipponzan-Myōhōji-Ordens gebaut wurde. Sie befindet sich am Ufer der Donau und ist öffentlich zugänglich. Regelmäßig finden öffentliche Veranstaltungen wie das Vesakh-Fest statt.
Hafenzufahrtsstraße, 1020 Wien
www.peacepagoda.net

SYNAGOGEN
DEUTSCHLAND
Die Synagoge in Augsburg gilt als die schönste in Europa. Sie wurde Anfang des 20. Jahrhunderts im Jugendstil gebaut und byzantinisch-orientalisierend ausgestaltet. Der Vernichtung durch Brandstiftung der Nazis im November 1938 entging sie, weil das Feuer wegen einer benachbarten Bank gelöscht wurde.
Halderstraße 6-8, 86150 Augsburg
www.jkmas.de

Die 1866 eingeweihte Neue Synagoge in Berlin war einst das prächtigste jüdische Gotteshaus in Deutschland, nicht zuletzt wegen der goldenen Kuppel, die sie auch heute noch schmückt. Nachdem die Neue Synagoge im Zweiten Weltkrieg schwer beschädigt wurde, entschied man sich beim Wiederaufbau, das Gebäude nur teilweise originalgetreu zu rekonstruieren. Eine ständige Ausstellung bietet Auskunft über das jüdische Leben in Berlin und die Geschichte der Synagoge.
Oranienburger Str 28/30, 10117 Berlin
www.cjudaicum.de

Die Westend-Synagoge in Frankfurt am Main (erbaut 1910) zählt zu den bedeutendsten Synagogen Deutschlands, da sie eines der wenigen erhaltenen Zeugnisse der Blütezeit der Synagogenarchitektur vor dem Ersten Weltkrieg ist. Auf der angegebenen Homepage der jüdischen Gemeinde Frankfurt findet man eine Vielzahl an Veranstaltungen und Hinweise auf weitere Stätten des Judentums in Frankfurt.
Freiherr-vom-Stein-Straße 30, 60323 Frankfurt am Main
www.jg-ffm.de

Das Jüdische Zentrum in München ist mit seiner modernen Architektur und Ausstattung eines der baulichen Glanzstücke Münchens. Der Standort in der Mitte der Stadt ist Symbol für die Bedeutung des Judentums.
St. Jakobsplatz 18, 80331 München
www.juedischeszentrumjakobsplatz.de

ÖSTERREICH
Der Stadttempel Wien ist die einzige nicht von den Nazis zerstörte Synagoge in Österreichs Hauptstadt. Der Bau auf elliptischem Grund mit beeindruckendem, säulengesäumtem Innenraum gehört zu den bedeutendsten klassizistischen Sakralwerken Wiens.
Seitenstettengasse 4, 1010 Wien
www.ikg-wien.at

SCHWEIZ
Die Synagogen von Endingen und Lengnau im Schweizer Kanton Aargau stehen als Kulturgüter von nationaler Bedeutung unter Denkmalschutz. Die beiden Dörfer waren von Anfang des 17. bis Mitte des 19. Jahrhunderts die einzigen Orte der Schweiz, in denen Juden dauerhaft wohnen durften. Führungen durch die Synagogen und weitere jüdische Stätten sowie die Ausstellung in der Synagoge Lengnau bieten umfassende Informationen zum Leben der Juden in der Schweiz.
Hinterstieg 5, 5304 Endingen
Zürichstraße, 5426 Lengnau
www.juedischerkulturweg.ch

KIRCHEN UND KLÖSTER
DEUTSCHLAND
Der Kaiserdom in Aachen war ursprünglich eine Maria geweihte Pfalzkapelle, die Karl der Große 786 erbauen ließ. Hier wurden von Jahr 936 an sechs Jahrhunderte lang die deutschen Könige gekrönt. Weil die Kapelle zu klein wurde, fand sie eine Erweiterung durch das „Glashaus", einen einschiffigen Chor mit über tausend Quadratmetern Glasfläche.
Klosterplatz 2, 52062 Aachen
www.aachenerdom.de

Der Kölner Dom ist eine Kirche der Superlative: Seine Türme waren bei der Fertigstellung nach 632 Baujahren im Jahr 1880 mit 157 Metern die höchsten der Welt. Weltberühmt sind die Domschätze wie die Heiligen Drei Könige, die größte Goldschmiedearbeit des Mittelalters, und die Fenster der hochgotischen Kathedrale.
Domplatte, 50667 Köln
www.koelner-dom.de

1517 soll Martin Luther seine 95 Thesen ans Holzportal der Stadt- und Schlosskirche in Wittenberg genagelt haben. Sein dortiges Wohnhaus, ein früheres Augustinerkloster, ist das weltgrößte Museum der Reformationsgeschichte. Dort steht auch die Kanzel, von der aus er einst in der Stadtkirche gepredigt hat. In Eisleben kann man das Geburtshaus sowie das Sterbehaus des Reformators besuchen. Sein Elternhaus ist in Mansfeld zu besichtigen. Adressen und weitere Informationen unter:
www.martinluther.de

Die „Wallfahrtskirche zum gegeißelten Heiland auf der Wies" verdankt ihre Entstehung einem Wunder: Ein einheimisches Ehepaar sah im Juni 1738 beim Gebet im Herrgottswinkel ihrer Wohnstube Tränen im Antlitz einer ramponierten Heiland-Figur. Daraufhin wurde für den Gegeißelten erst eine Kapelle und schließlich ab 1745 an von den Rokoko-Baumeistern und Brüdern Johann Baptist und Dominikus Zimmermann die „Wieskirche" gebaut.
Wies, 86989 Steingaden
www.wieskirche.de

ÖSTERREICH
Stift Melk ist eine der monumentalsten Barockanlagen Europas, die Stiftskirche ein einziges Kunstwerk aus Marmor, Fresken und Blattgold. Die einstige Burg und Residenz wurde 1089 zum Benediktiner-Kloster und Anfang des 18. Jahrhunderts prächtig aus- und umgebaut. Trotz der langen Tradition steht die Benediktiner-Abtei mitten im Leben: durch ihr modern geführtes Gymnasium und ein anspruchsvolles Kulturprogramm.
Abt-Berthold-Dietmayr-Str. 1, 3390 Melk
www.stiftmelk.at

Der Stephansdom, der eigentlich Domkirche St. Stephan zu Wien heißt und von den Wienern selbst kurz „Steffl" genannt wird, liegt im historischen Zentrum der Stadt. Der Dom ist das Wahrzeichen Wiens und das wichtigste gotische Bauwerk Österreichs. Es werden Führungen durch die Katakomben angeboten. Wer den Aufstieg nicht scheut, kann die 343 Stufen des Südturms erklimmen, der einen herrlichen Ausblick über Wien bietet.
Stephansplatz 1, 1010 Wien
www.stephanskirche.at

SCHWEIZ
Das Kloster St. Gallen mit seiner weltberühmten Stiftsbibliothek und seinem Archiv war zwölf Jahrhunderte lang eines der wichtigsten Konvente Europas. Im 7. Jahrhundert hatte an diesem Ort ein irischer Mönch eine Zelle gebaut, 100 Jahre später ließ der alemannische Abt Othmar ein Kloster errichten. Es war das erste, dessen Mönche nach den Ordensregeln des Benedikt von Nursia lebten („ora et labora" = bete und arbeite). Der architektonische Plan des Klosters ist noch erhalten. Er gilt als Idealplan für eine solche Anlage.
Klosterhof 6a, CH-9000 St. Gallen
www.bistum-stgallen.ch

MOSCHEEN,
DEUTSCHLAND
Die DITIB-Merkez-Moschee im Duisburger Stadtteil Marxloh ist die Gebetsstätte der Türkisch-Islamischen Union der Anstalt für Religion (DITIB). Die Moschee bietet Platz für insgesamt 1200 Menschen. Im Gebäude befinden sich eine Begegnungsstätte, eine Bibliothek, ein Café und Seminarräume.
Warbruckstraße 51, 47169 Duisburg
www.ditib-du.de

Die Sehitlik-Moschee in Berlin-Neukölln ist die größte Moschee Deutschlands mit 1500 Gebetsplätzen. Die Moschee wurde von der DITIB auf einem historischen türkischen Friedhof erbaut. Das Gebäude umfasst die Gebeträume, ein Informations- und Begegnungszentrum und eine Mehrzweckhalle für Veranstaltungen.
Columbiadamm 128, 10965 Berlin
www.sehitlik-camii.de

Die Penzberger Moschee in der gleichnamigen Stadt in Oberbayern wurde 2005 von der islamischen Gemeinde Penzberg e. V. (IGP) eingeweiht. Die Moschee fällt durch ihre moderne Architektur auf. Das Minarett besteht aus geschwungenem Stahl, die Fassade ist mit Steinen aus der Region verkleidet, der Gebetsraum wird durch eine Glasfront aus recyceltem Glas in blaues Licht getaucht.
Bichlerstraße 15, 82377 Penzberg
www.islam-penzberg.de

ÖSTERREICH
Das Islamische Zentrum Wien im Bezirk Floridsdorf ist die älteste Moschee Österreichs. Sie wurde im Auftrag des früheren saudi-arabischen Königs Faisal ibn Abd al-Aziz erbaut. Neben den Gebeträumen gibt es eine Bibliothek, einen Veranstaltungssaal und Büro- und Unterrichtsräume.
Am Bruckhaufen 3A, 1210 Wien
www.izwien.at

SCHWEIZ
Die Mahmud-Moschee in Zürich im Stadtkreis Riesbach, 1963 eröffnet, ist die erste Moschee der Schweiz. Sie bildet die schweizer Zentrale der Ahmadiyya, einer reformatorischen muslimischen Glaubensgemeinschaft.
Forchstraße 323, 8008 Zürich
www.ahmadiyya.ch